Geburtstag hab' ich heute

Spiel-, Bastel- und Geschenkideen, Lieder
und Rezepte für Geburtstagsfeste von 1 bis 9 Jahren
Zusammengetragen von Susanne Stöcklin-Meier
Fotografiert von Niggi Bräuning

Orell Füssli

Lektorat: Jutta Radel
Herstellung: Peter Schnyder und Walter Voser

© 1984 Orell Füssli Verlag Zürich und Schwäbisch Hall
Fotos: Niggi Bräuning
Zeichnungen: Susanne Stöcklin-Meier
Satz, Lithos, Druck:
Orell Füssli Graphische Betriebe AG Zürich
Einband: Buchbinderei Burkhardt AG, Zürich
Printed in Switzerland
ISBN 3 280 01548 0

Inhalt

Lieder und Tänze

Vorwort

Glück und Segen
allerwegen
wünschen wir dir heut.
Allen Dingen
Wohlgelingen
und ein Herz voll Freud!

Volksgut

Der Geburtstag, so wie wir ihn heute feiern, hat noch keine lange Tradition. Erst um 1900 begann er sich allgemein einzubürgern. An seiner Stelle wurde vorher der Namenstag begangen. Vielleicht hat der Geburtstag an Bedeutung gewonnen, weil in unserer Zeit immer mehr Lebensgemeinschaften auseinanderbrechen. Daher sind gemeinsame Erlebnisse, bei denen ein Mitglied der Familie im Mittelpunkt steht, besonders wichtig.

Mir hat es großen Spaß gemacht, über Kindergeburtstagsfeste nachzudenken und an die hundert Spiele, Kuchen, Rezepte, Lieder, Tänze, Geschenkideen und Dekorationen für diesen besonderen Kinderanlaß zusammenzutragen.

Als Autorin möchte ich hier allen ganz herzlich danken, die in irgendeiner Weise zum guten Gelingen dieses Buches beigetragen haben!

Vorab Dank meinen Eltern, meinem Mann und meinen beiden Töchtern. Durch sie habe ich spontanes, herzliches Feiern gelernt und das sich gegenseitig Ehre erweisen mit kleinen Dingen.

Als Kind wünschte ich mir während einiger Jahre immer wieder eine Dose gezuckerte Kondensmilch. Das war für mich der Inbegriff des exklusiven, luxuriösen Geburtstagsgeschenkes. Auf dem Nähtischchen, das bei diesem Anlaß, mit einer weißen Serviette überdeckt, als Gabentisch diente, stand am Morgen meines Festes die begehrte Dose unter einem Blumenstrauß. Ich durfte sie ganz alleine und genüßlich leerlöffeln, wann und wo ich wollte. So viel süßes Glück überstieg mein kindliches Fassungsvermögen, darum wurde diese Kondensmilch für mich zum Traumgeschenk. Finden Sie heraus, welche Kleinigkeit für Ihr Kind zum Traumgeschenk werden könnte!

Mein besonderer Dank gilt allen Kindern, die spielten, sangen, tanzten, zeichneten und Dekorationen sowie Einladungen für diese Sammlung beisteuerten.

Niggi Bräuning und seiner Familie danke ich herzlich. Er hat mich als Fotograf auf viele Kindergeburtstage begleitet und die Feiern im Bild festgehalten. Seine Familie spielte tatkräftig mit. Er fotografierte an Geburtstagsfeiern seiner Töchter.

So sind die Spiele «Mumienwickeln», «Verkleideter Pinguin», «Verträumte Mädchen mit den Hüten» und das Bild mit der «Riesigen Schillerlocke» entstanden.

Die Gartenaufnahmen mußten wir als «gestelltes» Fest feiern. Ein paar Tage später fragten mich die kindlichen Teilnehmer: «Du, feiern wir nächstes Jahr wieder Geburtstag bei dir?» Es hat ihnen so gut gefallen, daß sie die künstliche Situation überhaupt nicht bemerkten!

Das Kapitel «Essen und Trinken» ist unter der Mitarbeit der beiden Haushaltschullehrerinnen Verena Blaser, Thüren, und Beatrice Flückiger, Rickenbach, entstanden.

Durch den einmaligen Aufruf in der Zeitschrift «Wir Eltern» im Herbst 1983, der die Leser aufforderte, Ideen zum Feiern von Kindergeburtstagen einzusenden, flatterten mir unzählige Briefe in die Schreibstube. Ich konnte ihnen viele Anregungen und praktische Ideen für Geburtstagsfeste mit Kleinkindern und Schülern entnehmen.

Allen «Wir Eltern»-Leserinnen, die mitgemacht haben, ein herzliches Dankeschön!

Aus dem reichhaltigen und vielfältigen Material ist dieser Ratgeber entstanden, der Ihnen eine Hilfe sein möchte, Geburtstage mit Kindern bewußter zu erleben und zu genießen und in Ihrem Kreise eine eigene individuelle Fest-Tradition aufzubauen.

Susanne Stöcklin-Meier
Diegten, im Mai 1984

So viel Dornen ein Rosenstock,
So viel Haar ein Ziegenbock,
So viel Flöh' ein Pudelhund,
So viel Jahre bleib gesund!

Geburtstage in der Familie

Der Geburtstag ist deshalb so wichtig, weil man an diesem Tag allein die Hauptperson ist. An anderen Festtagen, Weihnachten etwa, Ostern oder Nikolaus, ist die Feier für die ganze Familie. Alle bekommen Geschenke, jeder einzelne ist angesprochen.

Der Geburtstag ist das Fest, für das man nichts tun muß. Am Morgen wacht man mit einem Hochgefühl auf und darf den ganzen Tag kleine Privilegien entgegennehmen. Das Glücksgefühl des Geburtstagskindes hängt wesentlich davon ab, wie gut es die Familie versteht, dieses Ereignis gebührend zu gestalten.

Nicht ein Supergeschenk, die teuerste Puppe, das luxuriöseste Spielauto oder die größte Torte läßt das Fest zu einem Ehrentag werden; es sind die kleinen Überraschungen, die liebevollen Gesten, die den Tag zu etwas Besonderem machen.

Geburtstagsgeschenke

Wenn Sie ein Spielzeug schenken, überlegen Sie gut: Was? Wann? Wozu? Nur das rechte Spielzeug zur rechten Zeit macht Kindern wirklich Freude und bewährt sich im Alltag. Auch sportliche Geschenke werden geschätzt: Schwimmflossen, Taucherbrille, Rollschuhe, Dreirad oder Fahrrad. Vergessen Sie Bilderbücher, Geschichten zum Vorlesen und Bücher zum Selberlesen nicht! Bücher können für Kinder zu Freunden werden, die sie über Jahre begleiten.

Auch Material zum Basteln und Werken wird von den Geburtstagskindern geschätzt. (Siehe «Geschenkideen».)

Kleine Geburtstagsfreuden

Vorschläge zur Auswahl:
- Das Geburtstagskind wird am Morgen mit einem Gratulationslied und mit Glückwünschen begrüßt.
- Es darf mit Kerzenlicht frühstücken.
- Um sein Gedeck liegt ein Blumenkranz.

- Es wünscht sich als gemeinsame Mahlzeit sein Lieblingsessen.
- Wir brauchen immer das «schöne» Geschirr und ein besonderes Tischtuch für diesen Ehrentag.
- Das Geburtstagskind muß an diesem Tag keine Haushaltsämtchen erledigen.
- Es darf sich von den übrigen Familienmitgliedern bedienen lassen; einmal im Jahr ist das wonniglich!

- Auf Wunsch wird das Frühstück im Bett serviert.
- Es darf sich zum Frühstück eine Geschichte wünschen.
- Es hilft beim Backen und Verzieren seines Geburtstagskuchens. (Siehe «Essen und Trinken».)
- Für das Kinderfest am Nachmittag wird die Stube umgestellt, damit mehr Platz zum Spielen entsteht.

11

– Vielleicht wird jedes Jahr das Sofa mit einem besonderen Tuch abgedeckt und die Lampe hochgebunden.

– Größere Kinder helfen beim Aufstellen der Spielliste, besondere Spielwünsche werden berücksichtigt! (Siehe «Spiel und Spaß».)
– Wir richten einen kleinen Geburtstagstisch ein, auf dem die Familiengeschenke, der Kuchen und am Nachmittag die kleinen Gaben der Gäste aufgestellt werden.
– Am Abend ist der Ausklang des Festes wichtig! Der Vater wird mit einbezogen. Er bewundert die Geschenke in Ruhe, läßt sich die Festereignisse des Nachmittags berichten. Er erzählt anschließend vielleicht, wie er oder wie Großvater als Kind Geburtstag gefeiert hat.

Geburtstagsblätter

Im Leben eines Kindes gibt es viele Ereignisse, an die man sich später gerne erinnert. Fotos und kurze Notizen halten die Erinnerung lebendig. Es ist ein schöner Brauch, das Geburtstagskind jedes Jahr zu fotografieren. Wir können die Bilder anschließend betrachten und gemeinsam ins Geburtstags-Ringbuch einkleben. Dazu notieren wir wichtige Ereignisse aus dem vergangenen Lebensjahr des Kindes. Diese kurzen Aufzeichnungen dienen uns später als Gedächtnisstütze.

Beim Betrachten der Geburtstagsblätter ergeben sich hübsche Gespräche. Im Geburtstagskind wird dadurch das Interesse für die Vergangenheit geweckt. Die Bilder regen zum Vergleichen an:

Damals hatte ich noch fast keine Haare auf dem Kopf, ein Jahr später schöne Locken, und heute habe ich großen Spaß an meinen zwei Zöpfchen. – Hier saß ich noch im Kinderwagen, und da konnte ich schon die Schuhe binden. – In diesem Jahr stand ich zum ersten Mal auf den Skiern. – Hier kam ich in den Kindergarten. – An meinem sechsten Geburtstag hat unsere Katze Junge geboren. – Dieses Geburtstagsfoto entstand nach meinen Masern ... Wieviel bin ich gewachsen? Wieviel habe ich zugenommen?

Wir können die Eintragungen bereichern mit genauen Angaben von Größe und Gewicht des Kindes, mit seiner Schuhnummer, eventuell mit Hand- und Fußabdrücken. Wir kleben Kinderzeichnungen vom vergangen Jahr dazu. Wenn wir diese Geburtstagsblätter fünfzehn bis zwanzig Jahre regelmäßig anfertigen, entsteht ein wertvolles, persönliches Erinnerungsbuch, das wir zur Volljährigkeit dem Geburtstagskind schenken.

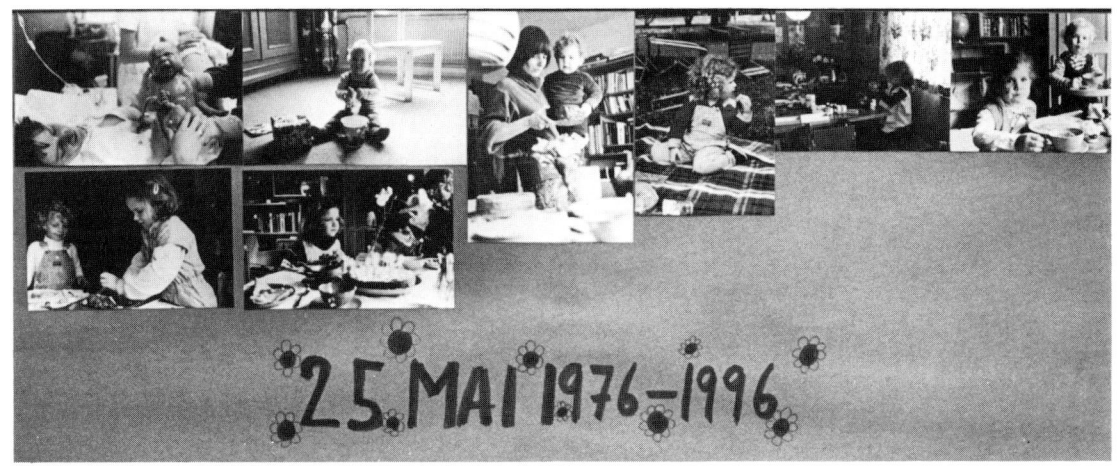

25. MAI 1976 – 1996

Wechselrahmen für 20 Geburtstage

Eine einfache Variante der Geburtstagsblätter ist der «Geburtstagswechselrahmen». Wir fotografieren das Kind von der Geburt an bis zu seinem zwanzigsten Geburtstag jedes Jahr an seinem Fest.

Um wieviel bin ich größer geworden?

Eine hübsche Meßskala entsteht, wenn wir das Kind jedes Jahr am Geburtstag messen. Mädchen und Knaben sind stolz, wenn sie den «Höhenunterschied» mit dem Vorjahr vergleichen können, weil «Großwerden» der Traum aller Kleinkinder ist. Zum Anschreiben der Meßresultate eignen sich ein Holzbüchergestell, ein Türrahmen oder die Innenseite einer großen Schranktür.

Glückwunsch

Kanon
Volksweise

Li - sa* hat Ge - burts - tag, kommt und sin - get

al - le mit! Wünscht Ge - sund - heit und viel Glück!

* Name des Geburtstagskindes

Kleine Kinder gehen singend um das Geburtstagskind herum. Auf «Wünscht Gesundheit und viel Glück!» machen sie eine tiefe Verbeugung und erweisen damit dem Gefeierten ihre Reverenz. Große Kinder singen den Glückwunsch im Kanon.

Erste Geburtstage 1–3

Richtige Kindergeburtstagsfeste mit einer Kindereinladung und Gesellschaftsspielen sind erst ab dem dritten Lebensjahr möglich. Kleine können sich noch nicht auf viele Personen konzentrieren. Sie spielen nicht miteinander, sondern nebeneinander. Sie nehmen sich gegenseitig die Spielsachen weg und liegen sich deswegen anschließend in den Haaren.

Darum sollten die ersten Geburtstage im engsten Familienkreis stattfinden. Eltern, Großeltern, Geschwister oder gute Freunde der Familie, die auch sonst oft anwesend sind, kann das Kind verkraften.

Zu viele Geschenke verwirren das Kleinkind, ein bis zwei neue Spielsachen genügen.

Feiern mit den Kleinsten

Nach dem Mittagsschläfchen des Geburtstagskindes ist die günstigste Zeit zum Feiern. Wir backen zu diesem Anlaß außer dem Familienkuchen extra einen Erstlings-Gugelhupf. (Siehe «Essen und Trinken».) Auch Kerzen, für jedes Lebensjahr eine, dürfen nicht fehlen.

Das Kleinkind ist der Mittelpunkt der Feier. Jeder beschäftigt sich mit ihm und spielt ihm zu Ehren etwas vor: singt ein Lied, spielt «Wo bin ich?», macht Fingerverse, Tände-

15

leien oder Kniereiter. Wer betrachtet mit ihm ein Erstlings-Bilderbuch, hört einer Musikdose zu oder macht mit ihm ein kleines Tänzchen? Nach dem Spielen mit dem Kind, nach dem Kaffeetrinken und Kuchen-essen der Gäste spaziert die ganze Gesellschaft zu den Enten im Park, an den großen Brunnen, zum Hühnerhof in der Nähe usw. Die Fotos für die Geburtstagsblätter nicht vergessen!

Ringel, rangel Rosen

Volksweise

Rin - gel, ran - gel, Ro - sen, schö - ne A - pri - ko - sen,

Ap - fel - ku - chen, Bienen-stich, Su - si komm und drehe dich!

Dieses einfache Singspiel gehen wir mit ge-faßten Händen im Kreis. Das mit Namen * aufgerufene Kind dreht sich stampfend oder klatschend um die eigene Achse. Auf Wunsch kann es sich von der Mutter im Kreis herumwirbeln lassen.

Ab drei Jahren haben Kinder Freude am gemeinsamen Tun in der Gruppe. Ihr Zusammenspiel dauert meistens nur kurze Zeit. Dreijährige können außer ihren Geschwistern drei bis vier Gäste verkraften; bei Vier- bis Fünfjährigen darf die Gruppe etwas größer sein. Sie muß jedoch für das einzelne Kind überschaubar bleiben. Ältere Geschwister oder größere Kinder aus der Nachbarschaft können beim Feiern eine enorme Hilfe sein. Sie machen den Kleinen die neuen Spiele vor. Kinder nehmen unbekannte Spielformen von anderen Kindern oft schneller auf als von Erwachsenen.
Wichtig für ein erfolgreiches Fest ist die gute Vorbereitung. Länger als 1½ bis 2 Stunden sollte die Feier mit Spiel und Essen nicht dauern.

Einladungen

Wir schreiben Einladungen für die Gäste, zur Information ihrer Eltern.
Beginn, Anlaß und Dauer des Festes müssen darauf erwähnt sein. Das Geburtstagskind verschönert die Karten meist mit großer Begeisterung. Als Technik eignen sich z.B. Zeichnen, Kleben oder Stempeln gut. Die kleinen Gastgeber verteilen ihre Einladungen persönlich drei bis vier Tage vorher oder schicken sie mit der Post.

Programm und Spielvorbereitung

Für Drei- bis Fünfjährige ist beim Spielen die Anwesenheit und Hilfe eines Erwachsenen nötig. Er sollte sich vorher den Ablauf des Festes durch den Kopf gehen lassen und passive und aktive Spiele vorbereiten sowie das nötige Material bereitstellen. Vier bis fünf verschiedene Spiele genügen für diese Altersstufe. Weil nicht jede Kindergruppe auf dieselben Spiele anspricht, bereiten wir einige Spiele mehr vor, damit wir Ausweichmöglichkeiten haben. (Siehe «Spiel und Spaß».) Das Programm darf auf keinen Fall zu vollgestopft sein, sonst werden die Kinder überfordert.

Gemeinsames Hefeteigfiguren-Backen oder Wurst-Brot-Männchen-Legen eignet sich für dieses Alter als Einstimmung für das Fest.

Als «aktive Spiele» eignen sich Kreis- und Singspiele, Zeitungsballwerfen, Brezel von der Schnur, Autorennen, Pyramidenwerfen, Verkleiden. (Siehe «Spiel und Spaß».)

Vielleicht müssen wir dafür ein paar Möbel in ein anderes Zimmer stellen, um Spielplatz zu schaffen. Drei- bis Fünfjährige haben einen großen Bewegungsdrang, den sollten wir im Spiel auf jeden Fall berücksichtigen. Als «passive Unterhaltung» spielen wir für die Kinder ein Kasperletheater, erzählen eine Geschichte oder betrachten ein Bilderbuch. Auch eine Musik- oder Sprechplatte kann die kleinen Gäste faszinieren. Bedenken Sie: Dreijährige können höchstens fünf bis zehn Minuten konzentriert zuhören und stillsitzen! Kleine lieben Wiederholungen. Sie werden nicht müde, immer wieder dieselbe Geschichte oder dasselbe Musikstück anzuhören! Gehen Sie auf die Wünsche der Kinder ein! Diese Spielformen (eine pro Fest genügt) eignen sich als Beruhigung nach den «aktiven Spielen» am Anfang des Festes. Sie bieten einen harmonischen Übergang zum «Festessen».

Preise

Preise sind für die ersten Geburtstage nicht wichtig. Doch an einem kleinen, symbolischen (wertlosen) Erinnerungsgeschenk, das die Gäste mit nach Hause nehmen dürfen, haben sie Freude. Es eignen sich z. B. ein Ballon, ein paar Gummibärchen, ein selbstgefalteter Papierhut oder eine frischgebackene Hefeteigfigur.

Wir wünschen dir

Text: Sina Werling
Melodie: überliefert

Wir wün - schen dir Jahr aus und ein, viel

Freud' und Glück und Son - nen - schein!

Dem Geburtstagskind ist der Kuchen so wichtig, daß es sich gleich mit hineinzeichnet.

Froh zu sein

Kanon
Text und Melodie: August Mühling

Froh zu sein be - darf es we - nig,

und wer froh ist, ist ein Kö - nig.

So verwandeln wir diesen hübschen Kanon in einen Freudentanz: Wir stehen alle nebeneinander im Kreis, Blickrichtung zur Kreismitte. Die Hände stützen wir in den Hüften auf. Auf «Froh zu sein» schwingen wir das rechte Bein nach links, dann das linke Bein nach rechts. Zu «bedarf es wenig» machen wir vier kleine Laufschritte in die Mitte. Auf «und wer froh ist» laufen wir, ohne uns umzudrehen, wieder mit vier kleinen Schritten zurück. Auf «ist ein König» klatschen wir, stampfen wir oder drehen uns um die eigene Achse.

Geburtstagsfeste 5–7

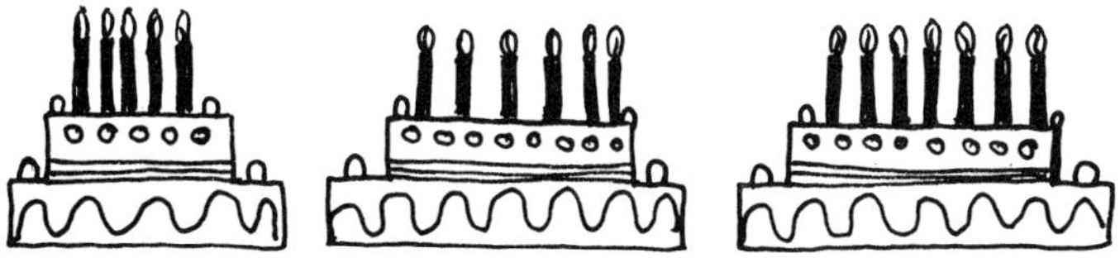

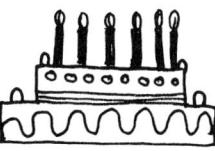

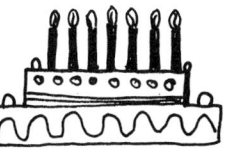

Etwa vom 5. Lebensjahr an sind die Kinder reif für Gemeinschaftsspiele. Aus dem Nebeneinander entwickelt sich jetzt ein echtes Zusammenspiel. In dem Alter beginnen Kinder auch, ganz bestimmte Regeln zu akzeptieren. Sie haben Freude an Kreisspielen, Verstecken, Fangen, Ball- und Hüpfspielen, Lotto, Domino, Karten- und Würfelspielen. Sie genießen das Feiern in der Gruppe mit Gleichaltrigen. Zwischen fünf und sieben

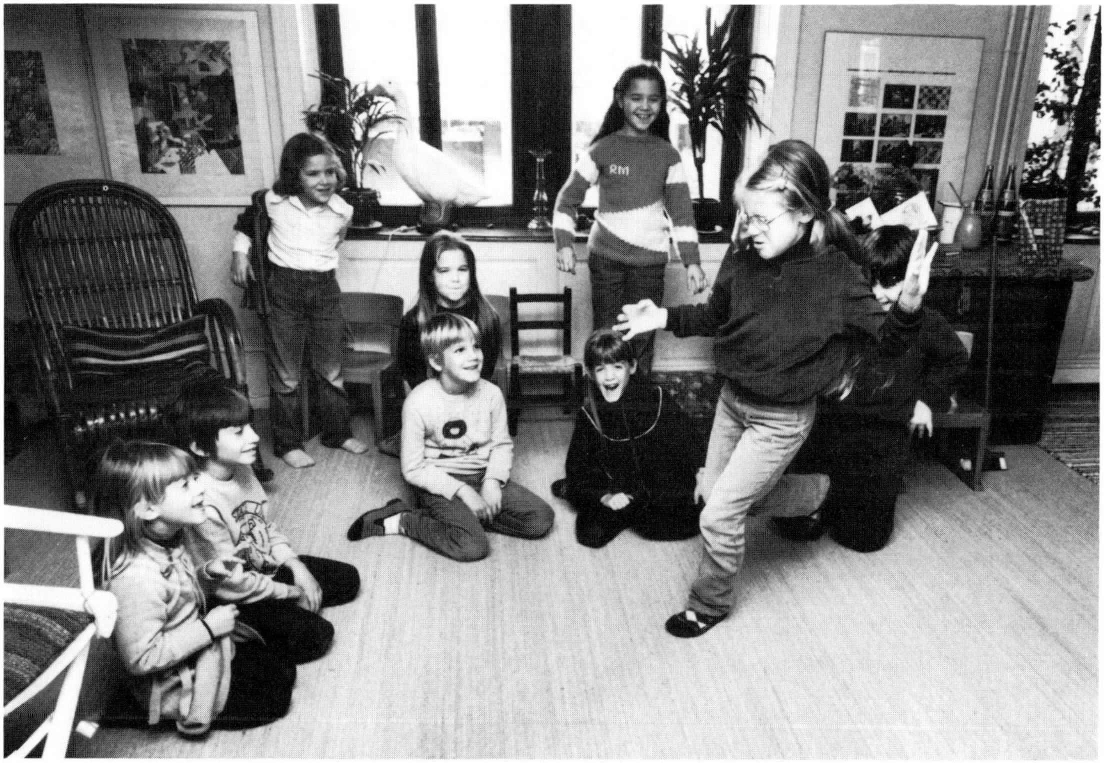

Jahren ist die goldene Zeit für Kindergeburtstagsfeste. Kleinere Geschwister werden mit einbezogen.

Kinder dieser Altersgruppe helfen gerne beim Vorbereiten ihres Festes. Vielleicht bemalen die Gäste als Einstieg gemeinsam das Papiertischtuch für den Geburtstags-Eßtisch, oder sie zeichnen als Tischkarte einen Früchtespieß. Gemeinsames Basteln hilft das Eis brechen, wenn noch alle verschüchtert herumstehen. (Siehe «Einladungen» und «Dekorationen».)

Nach wie vor ist die Geburtstagstafel der Mittelpunkt. Rund ums Essen können wir spielerische Aktivitäten anbieten: Gläser mit Figuren bekleben, Brote phantasievoll belegen, gemeinsam einen Fruchtsalat zubereiten, Brezel von der Schnur schnappen usw. (Anregungen sind unter «Essen und Trinken» zu finden.)

Programm und Spielvorbereitung

Das Spielprogramm sollte auch hier möglichst ausgewogen und harmonisch sein. Spiele zum Austoben und ruhige, die wir sitzend um den Tisch spielen, müssen sich etwa die Waage halten.

Die Geschicklichkeit der Kinder nimmt zu, und Wettspiele stehen hoch im Kurs. Wir achten darauf, daß sie nicht zu einem sinnlosen Wettkampf ausarten. Man sollte nur Spiele anbieten, bei denen alle Gäste einmal die Möglichkeit haben, einen kleinen Preis zu gewinnen! Der Verlierer erhält immer einen Trostpreis, damit kein Kind leer ausgeht! Beliebte Geschicklichkeits- und Wettspiele sind: Schlangenreißen, Fadenwettessen, Popcorn-Fangen, Mumien wickeln, Sackhüpfen, Dosenstelzenwettlauf usw.

Bewegungsspiele aller Art begeistern die Kinder. Für Kreis- und Singspiele brauchen wir genügend Bewegungsfläche. Vielleicht müssen wir auch für diese Altersgruppe ein paar Möbel umstellen, um Platz zu gewinnen. Je nach Jahreszeit und örtlicher Gegebenheit können wir die Spiele auch im Freien machen. (Siehe «Musikspiele» und «Lieder und Tänze».)

In jedem Spielprogramm sollten zwei bis drei Tischspiele sein: Schoggiessen, Watteblasen, Wasser-Apfel-Schnappen, Rosinchenspiel, Fischlein in den Teich oder Lotterie.

Wie bei den Kindern im Alter zwischen drei und fünf Jahren können wir auch hier «passive Spiele» anbieten zur Beruhigung, Sammlung oder zum Auspendeln. Die Kinder können dabei ruhig sitzen, zuhören und zuschauen. Geschichten und Schallplatten eignen sich, Kasperlestücke, Schattentheater und Zaubervorführungen. Ein «passives Spiel» pro Geburtstag genügt.

Sprachspiele und Verkleiden machen den Kindern in diesem Alter besonderen Spaß. Ihr Rollenspiel wird immer differenzierter. Das kann man sich zunutze machen und eine Verkleidungskiste zurechtstellen. Die Kinder brauchen nur kleine Anregungen, um Geschichten darzustellen, Witze aufzuführen, sich zu schminken oder durch Hüte in andere Rollen zu schlüpfen. (Siehe «Sprachspiele» und «Verkleiden».)

Was schenken die Gäste dem Geburtstagskind?

Traditionsgemäß bringen die geladenen Gäste dem Geburtstagskind ein kleines Geschenk mit. Es sollte auf keinen Fall etwas Teures sein: ein Zeichenblock, Bastelmaterial, ein Blumenstrauß, eine Tafel Schokolade, Filzstifte, ein Bildchen, eine Kerze, Futter für das Meerschweinchen, ein Stück Seife, eine Blumenzwiebel oder ein Spiegelchen genügt. Die Geschenke kommen auf einen Gabentisch und werden vor den Augen der Gäste ausgepackt und bewundert.

Ausklang des Geburtstagsfestes

Jedes Fest geht einmal zu Ende. Das Festessen ist eine gute Möglichkeit, die Kinder von ihren Spielen zu lösen und die Geburtstagsfeier abzuschließen. Ein Musikumzug mit selbstgebastelten Instrumenten durch Haus und Garten kann ein schöner Abschied sein. Auch ein Laternenumzug sieht wunderschön aus, läßt sich aber nur durchführen, wenn es schon dunkel wird. Das Geburtstagskind bedankt sich bei allen Gästen für ihr Kommen und gibt eventuell zum Abschied jedem Kind etwas von der Dekoration: einen Ballon, eine Papierblume, einen gefalteten Hut usw. Niemals die Kinder allein nach Hause gehen lassen! Wenn sie nicht abgeholt werden, bringen wir die übriggebliebenen Gäste persönlich heim.

Unser Peter ist glücklich

Text und Melodie: N. Moor-Hofer

Un - ser Pe - ter ist glück - lich, un - ser Pe - ter ist froh, er

hat heut' Ge - burts - tag, dar - um freut er sich so!

Rote Kerzen, die leuchten,
schöne Blumen da stehn,
wir Kinder gratulieren:
Immer gut soll's dir gehn.

Reichet euch die Hände

Melodie: Volksweise

Rei - chet euch die Hän - de, das Fest - chen ist nun aus. Die

Gro - ßen und die Klei - nen, die ge - hen jetzt nach Haus.

Die Geburtstagsgäste schütteln sich die Hände und winken sich zum Abschied zu. Zum Spaß können auch Taschentücher benutzt werden ... Das Schlußlied führt uns als Polonaise durch die Wohnung zur Haustür hinaus.

27

Die Geburtstagsfeste für sieben bis neunjährige Schulkinder können auf deren Wunsch noch auf dieselbe Art veranstaltet werden wie die Feste für fünf- bis siebenjährige. Auch hier garantiert eine gute Vorbereitung das Gelingen. Das Umräumen, das Dekorieren und Programmzusammenstellen ist für die Kinder meistens ebenso wichtig wie das Fest selbst! Sie können stundenlang besprechen und organisieren.

Schulkinder haben Freude an Zeichenspielen, Tanzspielen, einem Geburtstagsfest mit Picknick im Wald, einem Postenlauf, einer Schatzsuche durch Haus und Garten, an Ratespielen, Wettspielen, Verkleiden, Scharaden, Zeitungskostümen, Sprichwort-Pantomimen, Teekessel und «Alles Käse»! Im Sommer machen ihnen Wassertragen und das Wasserflaschen-Ballspiel ein diebisches Vergnügen. Trotz aller Vorbereitung sollte man am Fest selber flexibel bleiben und die Kinder nicht mit einem starren Programm erdrücken. Es muß immer Raum bleiben für spontane Aktionen!

Ab dem 8. Lebensjahr beginnt die Bildung von Cliquen unter den Kindern. Manchmal zeigt sich der Wunsch, daß Mädchen oder Jungen getrennt feiern wollen. Dieses Begehren sollte man respektieren.

Es ist auch die Zeit, in der Kinder ein lustiges Spaghettiessen einem traditionellen Kuchenfest vorziehen. Vielleicht wollen sie zwei, drei Freunde ins Kino einladen, ein Kindertheater besuchen, in den Zoo gehen und einen Elefantenritt machen oder zu einer Ponyfarm fahren und dort reiten. Schüler haben auch Freude, ihr Fest unter einem bestimmten Motto zu gestalten: Seeräuber, Zirkus, Marsmenschen, Fest der Puppen-mütter, Zigeuner, Ritter oder Indianertreff. Langes Essen ist in diesem Alter nicht mehr gefragt. Wir stellen pikante Herrlichkeiten auf. Es ist günstig, wenn der Eßtisch möglichst weit vom Spielbereich entfernt steht und sich die Kinder selber bedienen können. Auch Getränke sollten für sie gut erreichbar aufgestellt sein. (Siehe «Schlaraffenland».)

Das Motto sollte auf der Einladung vermerkt werden, damit sich die Gäste passend anziehen können und entsprechende Requisiten mitbringen. Wir stellen eine Verkleidungskiste auf und vergessen das Schminkzeug nicht! Diese Feste dauern meistens den ganzen Nachmittag.

Happy birthday

Volksweise

Hap-py birth-day to you, hap-py birth-day to you, hap-py birth-day dear ....* hap-py birth-day to you.

* Name des Geburtstagskindes

Englisch
Happy birthday to you,
happy birthday to you,
happy birthday, dear Susanne,
happy birthday to you!

Französisch
Joyeuse anniversaire,
joyeuse anniversaire,
pour toi, chère Susanne,
joyeuse anniversaire!

Italienisch
Tanti auguri per te,
tanti auguri per te,
tanti auguri, cara Susanna,
tanti auguri per te!

Deutsch
Zum Geburtstag viel Glück,
zum Geburtstag viel Glück,
zum Geburtstag, liebe Susanne,
zum Geburtstag viel Glück!

Viel Glück und viel Segen

Kanon
Text und Melodie: Werner Gneist

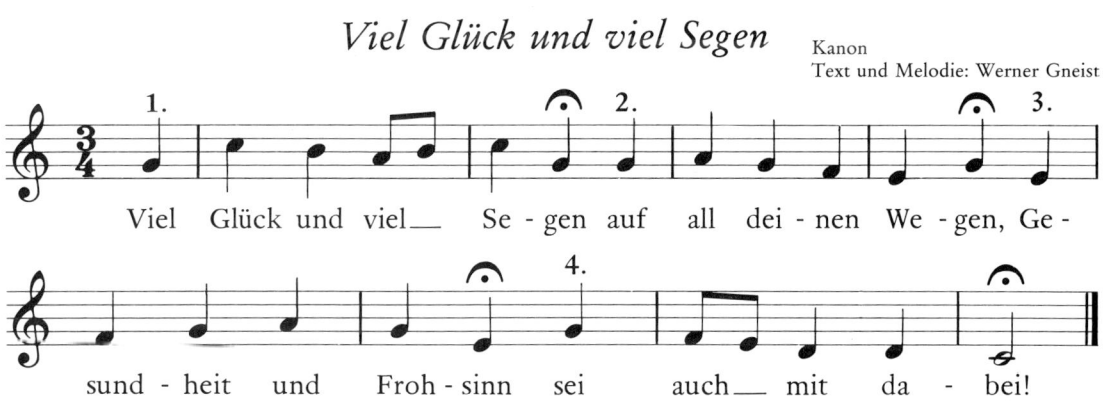

Viel Glück und viel___ Se-gen auf all dei-nen We-gen, Ge-
sund-heit und Froh-sinn sei auch___ mit da-bei!

31

Geburtstage im Kindergarten

Der Geburtstag ist für das einzelne Kind der Höhepunkt im Jahr. Er ist einmalig und sollte darum privat nie verschoben werden. Leider ist es im Kindergarten manchmal doch wegen der Sonn- und Feiertage oder Ferien nötig.

In der Institution ist das Kind eines von vielen. Es muß sich in die Gruppe einordnen. Durch das Feiern des Geburtstages wird das Kind als einzelne Person herausgehoben. Dieses Erlebnis ist wichtig für die Entwicklung seines Selbstwertgefühls. Bei einer Gruppe von zwanzig Kindern feiern wir im Kindergarten eben zwanzig einzelne Geburtstagsfeste!

Kinder lieben Tradition. Darum überlege man sich Aufbau und Ablauf des Festes genau! Nur ein einfaches, nicht aufwendiges Geburtstagsritual läßt sich für alle Kinder einzeln wiederholen. Die Feier darf nicht zur lästigen Pflicht werden. Sie muß der Kindergärtnerin und den Kindern Freude machen. Der Arbeitseinsatz muß zum Fest in einem vernünftigen Verhältnis stehen.

Wenn zwei Kinder einer Gruppe zufälliger-
weise am selben Tag Geburtstag haben,
hängt es vom Geschick und Organisations-
talent der Kindergärtnerin ab, ob sie beiden
das Gefühl vermitteln kann: Heute ist mein
Ehrentag! Bei der Gestaltung des Geburtstages sollte man unbedingt auf die besonderen
Eigenheiten des jeweiligen Kindes eingehen.

Zu einem Geburtstagsfest gehören:
– Singen und Tanzen,
– Spiel und Spaß,
– Tisch- und Raumdekoration,
– Gratulationen und Geschenke,
– Essen und Trinken.

Alle Elemente des Festes sollten harmonisch
aufeinander abgestimmt sein. Im Kindergarten genügt es, wenn sie nur angedeutet werden. Sie haben für die Kinder Symbolgehalt.

Geburtstagskuchen

Vielerorts ist es Brauch, daß die Mütter zum
Geburtstag ihrer Kinder einen Kuchen bak-
ken für die Feier im Kindergarten. Dieser
Brauch ist sehr schön. Er sollte aber nicht
zu einem Wettstreit unter den Müttern aus-

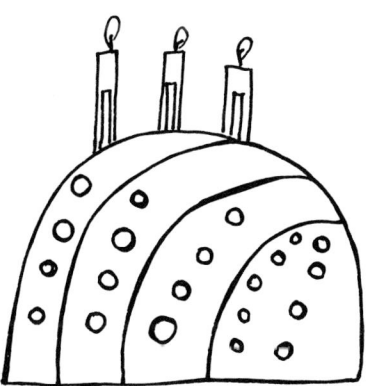

arten, so daß sie sich gezwungen fühlen, immer größere und aufwendigere Geburtstags-
torten anzuschleppen ...

Der Geburtstagkuchen im Kindergarten
symbolisiert das Festessen. Ein kleines Stück
pro Kind genügt. Die Kleinen müssen sich
nicht vollstopfen damit. Der Kuchen unter-
streicht einfach die festliche Note des besonderen Anlasses.

Geschenke der Kindergärtnerin

Ihre Geschenke sollen klein und preiswert
sein. Sie haben Symbolcharakter, setzen ein
Zeichen der Freude. Es eignen sich zum Beispiel: ein Zeichenheft, eine Kerze, ein Sil-
ber- oder Goldfarbstift, ein buntes Bildchen
nach Wahl, eine Fingerpuppe, ein Taschentuch mit lustigem Aufdruck oder ein Holz-
männchen.

– Die Überraschung wird eingepackt und
  neben die Kerzen gelegt.
– Das Geschenk im Raum verstecken und
  vom Geburtstagskind suchen lassen.
– Das Kind darf in einen Sack greifen, in
  dem viele kleine Geschenke sind, und sich
  «blind» eines herausholen.

– Wir nähen in das Geburtstagstischtuch kleine Taschen ein mit unterschiedlichen Verschlüssen: Knöpfe, Druckknöpfe, Bänder, Riegel, Reißverschlüsse usw. In einer der Taschen verstecken wir die Überraschung. Sie kann nur durch Ertasten und Lösen des kniffligen Verschlusses herausgeholt werden . . .

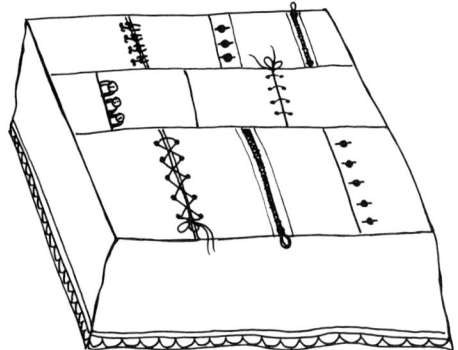

Anregungen zur Gestaltung

Vorschläge zur Auswahl:

– Das Geburtstagskind wählt sich bei der Begrüßung am Morgen eine Geburtstagskrone, ein Blumenkränzchen aus Papier oder einen besonderen Hut aus. Durch diese Kopfbedeckung ist es für die anderen Kinder den ganzen Tag erkennbar.
– Das Geburtstagskind ist «König» des Tages! Es wünscht sich das Morgenlied und ein Lieblingsspiel zum gemeinsamen Tanzen, Singen, Raten usw.
– Besondere Geburtstags-Spielsachen stehen bereit, zum Beispiel: kleine Keramiktiere, eine Schachtel mit Holzspielsachen aus dem Erzgebirge, eine Musikdose oder Kasperlefiguren.
– Im Freispiel darf das Geburtstagskind sei-

ne Spielsachen so oft wechseln, wie es will, ohne die Kindergärtnerin zu fragen.
– Gemeinsam mit der Gruppe wird die Geburtstagsfeier vorbereitet: Das Geschenk einpacken, den Geburtstagstisch schmükken, den Sesselkreis für alle Kinder aufstellen und den Raum verdunkeln.
– Das Geburtstagskind spielt während dieser kurzen Zeit mit zwei Kameraden, die es sich vorher ausgewählt hat, in einem Nebenraum.
– Die Kinder setzen sich in den Kreis. Der Geburtstagstisch steht in der Mitte. Ein Kind zündet die Kerzen an. Für jedes Lebensjahr brennt ein Licht.
– Anstelle von Kerzen können auch schwimmende Wachsleuchten in einer Glasschüssel geheimnisvoll strahlen.
– Die Kinder singen ein Geburtstagslied oder bilden eine Brücke, durch die das Geburtstagskind mit seinen zwei Spielgefährten zum festlichen Platz geführt wird.
– Das Geburtstagskind setzt sich an den Tisch, die zwei auserwählten Gäste nehmen links und rechts von ihm Platz.

anschließend die Geburtstagsgeschichte oder spielt sie mit Kasperlefiguren vor.

– Alle Kinder bringen ihre Glückwünsche dar.
– Es werden Gesellschaftsspiele, Lieder und Tänze nach Wahl des Geburtstagskindes angeboten. (Siehe «Spiel und Spaß» und «Lieder und Tänze».)
– Zum Abschluß wird der Geburtstagskuchen gegessen und Tee getrunken.
– Ein Geburtstagskalender hängt gut sichtbar an der Wand. Alle Kinder sind mit ihrem Namen und ihrem Kindergartenzeichen eingetragen.

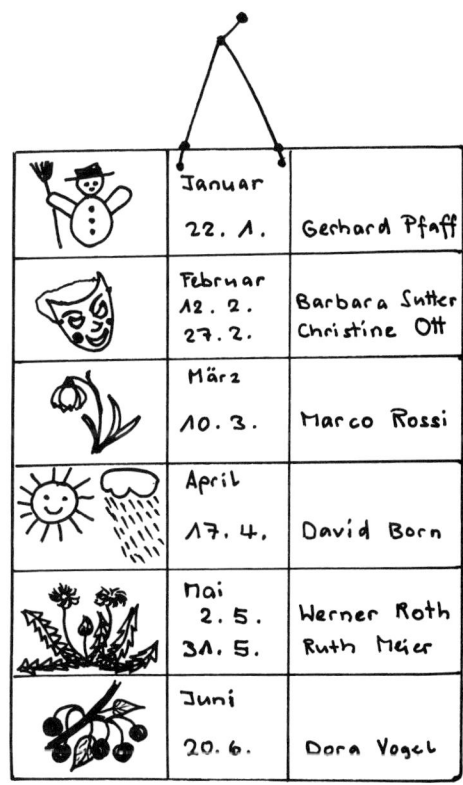

– Die Kindergärtnerin erzählt zu jeder Jahreskerze eine kleine Begebenheit oder spricht für jedes Licht einen Glückwunsch aus für das Geburtstagskind.
– Eine Musikdose spielt eventuell «Happy birthday».
– Das Kind packt sein Geschenk aus, die andern Kinder haben Gelegenheit, dieses zu bewundern.
– Das Geburtstagskind darf mit einem «goldenen» Brieföffner im Geschichtenbuch der Kindergärtnerin eine Geschichte «stechen». Die Kindergärtnerin erzählt

Gratulation

Volksweise

„Zie-he durch, zie-he durch, durch die gold' ne Brük-ke! Sie
ist für dich, sie ist für dich! Wir wol-len gra-tu-
lie-ren!" „Wo-o mit denn auch? Wo-o mit denn auch?" Mi-it
Gold- und Sil-ber- ro-sen, mi-it Gold- und Sil-ber-ro-sen!"

Die Kinder stehen sich in zwei Reihen gegenüber und bilden mit hochgehobenen Armen eine Brücke, durch die das Geburtstagskind nach dem Wechselgesang zu seinem festlich geschmückten Platz geht. Im Garten lassen wir Blütenblätter auf das Geburtstagskind «regnen», wenn es unter der Brücke durchzieht.

Spielbeschreibung zu Geburtstagsmusik:
Nach jedem Vers spielt das genannte Melodie-Instrument seinen Ostinato vor, beliebig oft. Zum 4. Vers spielt die Flöte vor, und alle Instrumente spielen dann mit.

Die Geburtstagsmusik kann auch mit Trommeln, Rasseln, Triangeln, Nußtrommeln, Schlaghölzern und Joghurtbechern gespielt werden.

Geburtstagsmusik

Text: Lieselotte Holzmeister und Liselotte Rockel
Melodie: Liselotte Rockel

Wenn ein Kind Ge - burts - tag hat, fin - det ein Kon - zert hier statt

und wir spie-len si - cher-lich

1. auf dem Xy - lo - phon für dich.
2. auf dem Glok-ken - spiel für dich.
3. das Me - tal - lo - phon für dich.
4. auf der Flö - te nur für dich.

Xylophon   Glockenspiel   Metallophon

Geschenkideen

Für das Bewegungsspiel	Im 1. Lebensjahr	Im 2. und 3. Lebensjahr
	Luftballon, Mobile, Rassel, Klapper, Quietschpuppe, Quietschtier, Kugelkette, Klangspiel, Spieluhr, Beißringe, Ringkette, Greiflinge aus Holz oder Plastik, Frotteetiere und -püppchen, Stofftiere und -püppchen, Tiere aus Plastik oder Gummi, Klingelwürfel, 1. Ball aus Frottee oder Stoff, Hohlwürfelsatz, Ineinandersteckbare Plastikdosen	Nachziehspielzeug, großer Wagen, Auto oder Eisenbahn zum Draufsetzen und Beladen, Dreirad, leichter bunter Ball im Netz, Schaukelpferd oder Reittier, Schubkarre oder Leiterwagen, Plastikplanschbecken, Schwimmtiere, Schlitten, Schneeschaufel
Für das Experimentier- und Konstruktionsspiel 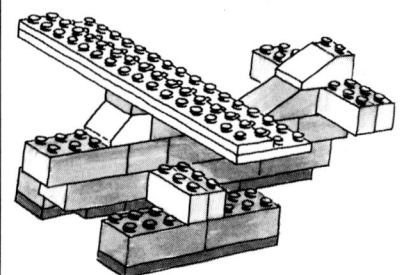	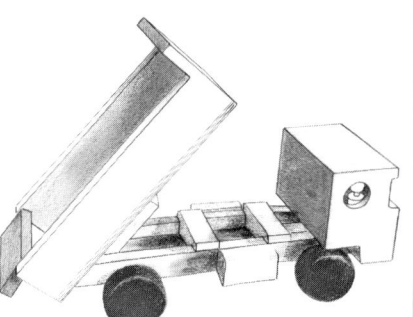	Ringpyramide aus Holz oder Plastik, Formeneinsteckspiel aus Holz oder Plastik, große Holzklötze im Körbchen, große Steckbausteine aus Hartplastik, Hammerspiel, dicke Ölkreiden, Wachsmalstifte, Fingerfarben, Sandspielzeug: Kübel, Schaufel, verschiedene Formen, Sieb, Sandstecktiere 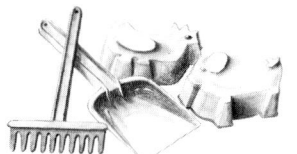
Für das Rollenspiel  **Für das durch Regeln bestimmte Gemeinschaftsspiel**		Teddybär, Plüschtiere, Werfpuppe, einfacher Puppenwagen, evtl. Puppenbett oder -wiege, Kindertelefon, Kasperl, Handpuppen mit Tierköpfen, kleine Fahrzeuge aus Holz 

Im 4., 5. und 6. Lebensjahr

Roller, Kinderrad, Go-Kart,
Springschnur,
Schaukel, Ringe, Trapez, Kletterturm,
Schwimmflügel, große aufblasbare
Schwimmtiere, -bälle, -reifen,
Gartengeräte wie Schaufel, Rechen,
Hacke,
Kinderski

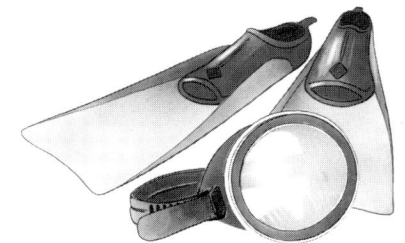

Im 7., 8., 9. und 10. Lebensjahr

Fahrrad,
Handball, Fußball, Ball mit Tamburinen,
Wurfringe,
Federball,
Kegelspiel,
Drachen,
Schwimmflossen und Taucherbrille,
Schlittschuhe,
Wanderausrüstung

Konstruktionsbaukästen aus Holz und
Kunststoff: Matador Großformat Ki und
Normalformat 0,1 und 2,
Bauelemente aus Kunststoff wie Lego,
Constri, Bilotoy, Rasti, Plasticant,
Baufix,
Fahrzeuge aus Holz, Plastik oder Metall,
Holzeisenbahn mit Schienen, Flugzeuge
und Flugplatz, Schiffe und Hafenanla-
gen, Steck-, Lege- und Nagelspiele,
einfaches Werkzeug zum Bearbeiten
von Holz,
Nähzeug und Stoffreste,
Mal- und Zeichengeräte, Buntstifte, Filz-
stifte, Ölkreiden, große Maltafel,
Ton, Knetwachs, Kinderschere, Papier

Ergänzungen zu den Konstruktions-
baukästen,
Modellfahrzeuge mit elektrischem oder
Federantrieb,
Modelleisenbahn mit Batterieantrieb,
Material für das Eisenbahngelände,
einfachere Schiff- und Flugmodelle,
Ergänzung des Werkzeugs zur Bearbeitung
von Holz,
Mal- und Zeichengeräte,
Knetmaterial, Werkmaterial,
Material für Stick-, Strick- und
Häkelarbeiten,
Bast, Stroh, Peddigrohr, Perlen,
Webrahmen, Zauberkasten,
Alben für Briefmarken, Fotos,
Ansichtskarten

Puppen, Puppenzubehör,
Haushaltgeräte, Einrichtungsgegen-
stände für die Puppenküche,
Kaufmannsladen mit Zubehör,
Puppentragtasche,
Material zum Verkleiden,
Kinderpost, Briefträgertasche,
Schaffnerkleidung, Krankenschwester-
und Doktorkleidung,
Aufstellspielzeug,
Bauernhof mit Tieren und Zäunen,
kleine Modellfahrzeuge aus Metall
oder Kunststoff,
Figuren für das Kasperspiel

Ergänzung der Puppenausstattung,
Nähzeug zur Anfertigung von Puppenkleidern,
hauswirtschaftliche Geräte

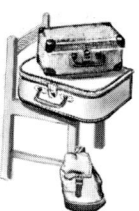

---

erste Farbspiele,
Bilderdomino und -lotto,
Memory,
Wettrennen,
Schnipp-Schnapp,
Flohhupfen,
Lesespiele, Rechenspiele, Denkspiele,
einfachere Puzzles,
kooperative Spiele

Gesellschafts- und Lernspiele,
Zahlendomino, Rechenlotto, Elektro-
kontakte Buchstabenspiele, Reise- und
Verkehrsspiele, Quizspiele, Quartette,
Puzzles, Spielmagazine,
kooperative Spiele

Einladungen

Wir schreiben Einladungen für die Gäste, zur Information ihrer Eltern. Beginn, Anlaß und Dauer des Festes müssen darauf erwähnt sein. Das Geburtstagskind verschönert die Karten meist mit großer Begeisterung. Als Techniken eignen sich z. B. Zeichnen, Kleben oder Stempeln.
Die Einladungen 3 bis 4 Tage vorher austragen oder mit der Post schicken.

Gezeichnet und vervielfältigt

Hier ein paar Beispiele von Einladungskarten und Briefen. Wir wählten gezeichnete Einladungen aus. Zum Teil wurde nur die Vorderseite geschmückt und hinten der Text geschrieben. Sie wurden mit schwarzem Filzstift einmal gezeichnet, in der gewünschten Menge vervielfältigt und nach Lust und Laune ausgemalt. Diese Art ist für Kinder nicht so arbeitsintensiv.

Handabdruck

Kinder, die noch nicht schreiben können, lassen wir mit Fingerfarben Handabdrücke machen. In die gedruckten Handflächen und Finger schreiben wir die nötigen Einladungsinformationen für die Eltern der kleinen Gäste.

Einladung per Flaschenpost

Auf kleine Kaffeesahneflaschen malen wir mit Glasfarbe bunte Etiketten auf: Äpfel, Blumen, Autos, Schiffe usw. Darüber schreiben wir die Namen der eingeladenen Kinder. An Stelle der Glasfarbe können wir auch Aufklebeetiketten verwenden und diese mit Farb- oder Filzstiften bemalen.

Um den Flaschenhals kleben wir eine Manschette aus Kreppapier. Die Einladung wird auf einen langen, schmalen Papierstreifen geschrieben. Wir rollen das Papier über einen Bleistift zu einem Röhrchen. Die Papierrolle befestigen wir an einer dünnen Schnur und versenken sie nun im Innern der Flasche.

Ein paar Tage vor dem «Seeräuberfest» wird die Flaschenpost persönlich abgegeben.

Brief und Wechselrahmen

1 Wir nehmen ein Quadrat, falten Diagonalen und biegen eine Spitze zur Mitte. Eine Segelschifform entsteht.
2 Haus falten.
3 Brief falten.
4 Brief schließen. Wir können diese Briefform als Einladung benützen. Im Innern des Briefes schreiben wir die Einladung. Mit farbigen Papierklebeformen (Blumen, Sterne, Herzchen) wird der Brief zugeklebt.
5 Brief wenden.
6 Zum zweiten Mal Segelschiff falten.
7 Haus falten.
8 Brief falten.
9 Brief schließen.
10 Alle vier Ecken über den Rand hinaus zurückbiegen, wie Abbildung zeigt. Die Kinder bemalen den Wechselrahmen mit bunten Mustern.
11 Auf ein andersfarbiges Einsatzblatt schreiben wir die Einladung.
12 Diese Faltform sieht auch hübsch aus als Tischdekoration.

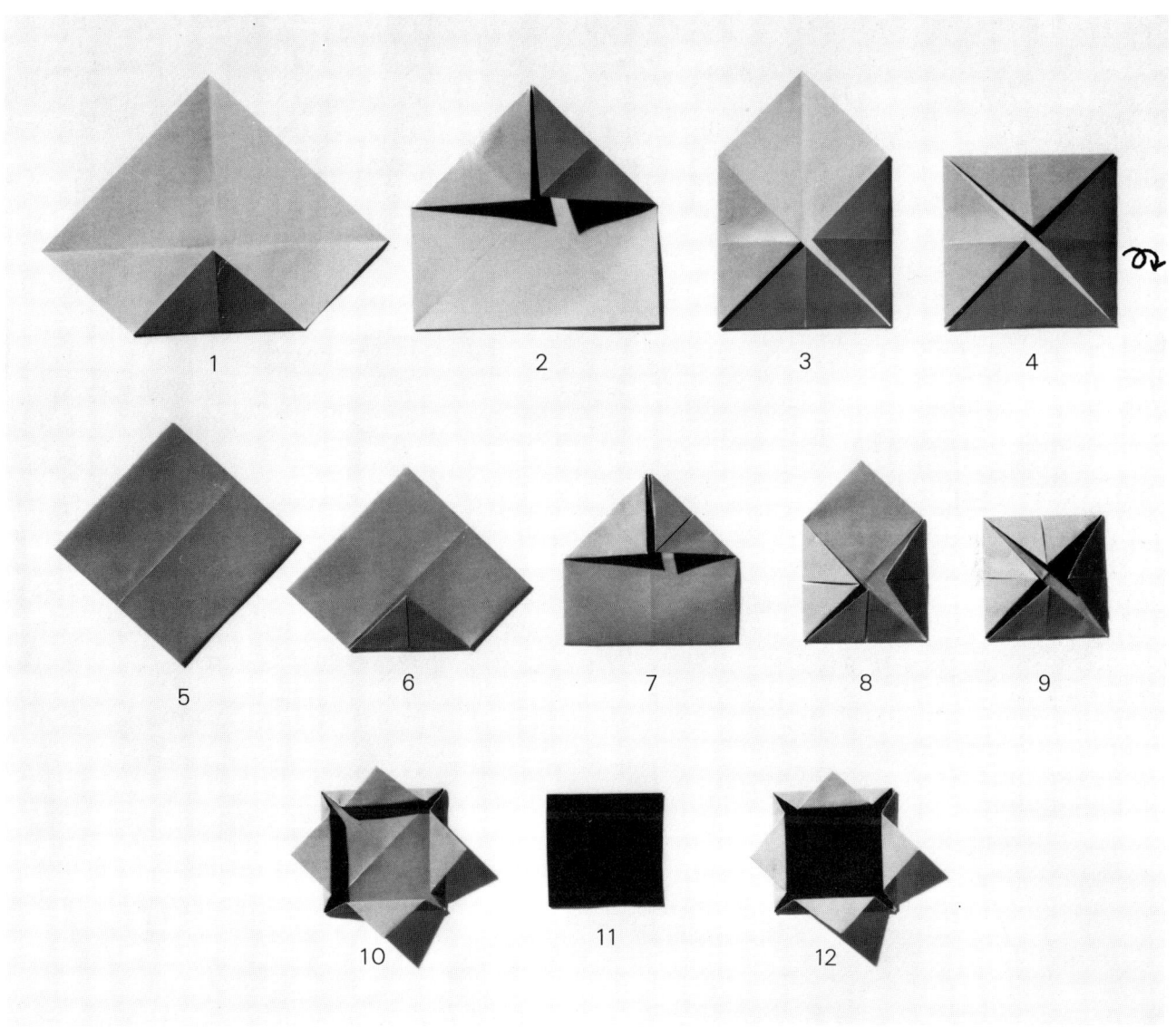

Herz und Blume

1 Wir falten in ein Quadrat beide Diagonalen.

2 Papier wenden und waagerecht und senkrecht einen Mittelbruch falten. Die Punkte X auf Z legen.

3 So entstehen zwei aufeinanderliegende Dreiecke.

4 Faltform in die Hälfte legen und Herzform schneiden, wie Abbildung zeigt.

5 Herzform aufklappen.

6 Wenn wir die Herzform öffnen, entsteht eine Blume.

Auf die Blumenform schreiben wir die Einladung.

Mit Namen beschriftete Herzen verwenden wir als Tischdekoration.

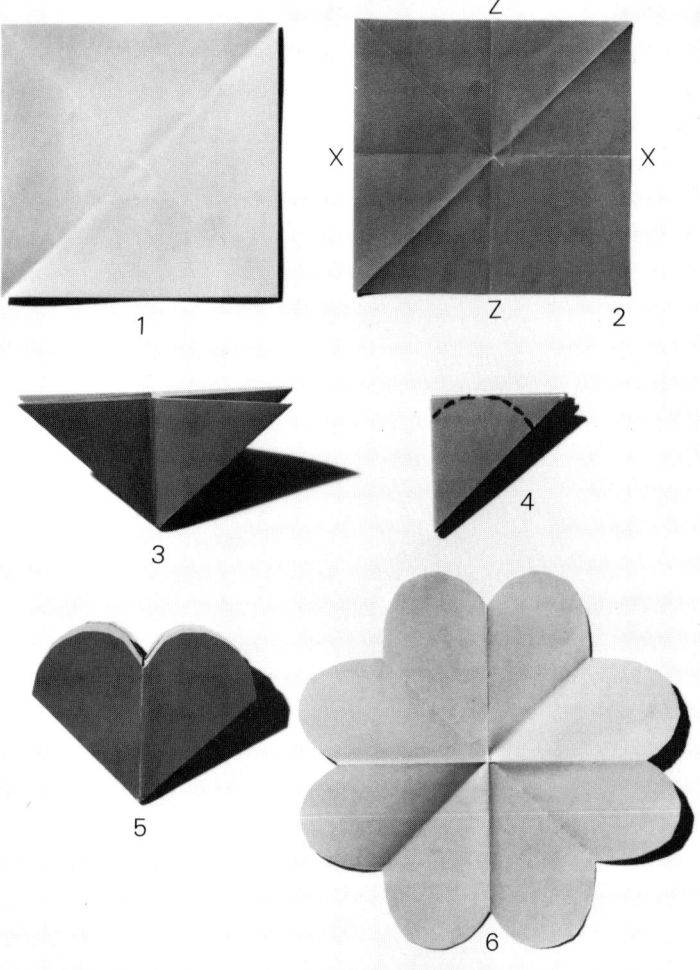

Dekorationen

Dekorationen helfen, einen Raum, den Garten und den Eßtisch festlich zu gestalten. Aufwand und Resultat sollten immer in einem gesunden Verhältnis zueinander stehen. Nicht die Dekoration ist Mittelpunkt des Festes, sondern Spiel und Spaß, Essen und Trinken, Singen und Tanzen. Wir haben hier Beispiele ausgewählt, die so einfach sind, daß Kinder beim Schmücken mithelfen können. Girlanden, Fähnchen, Clowns, Schokoladen-Libellen oder Dampfschiffe sehen immer hübsch aus. Bei größeren Kindern passen wir den Schmuck dem Motto des Festes an.

Papierblumen

Aus Seiden- oder Kreppapier schneiden wir im Faltschnitt Blumenblätter. (Siehe Abbildung.) Die Staubfäden entstehen aus einer Papierrolle, die wir auf einer Seite einschneiden. (Siehe Abbildung.)

Die Staubfäden kleben wir an einem Blumendraht fest und umwickeln sie mit den Blumenblättern. Der Stiel wird besonders hübsch, wenn wir ihn mit einem grünen Kreppapierstreifen umwickeln. Befestigen wir diese Papierblume auf einem Drahtring, entstehen hübsche Geburtstagskränzchen. (Siehe «Geburtstag im Kindergarten».)

Bemalter Geburtstagstisch

Damit von Anfang an alle Kinder beschäftigt sind und keine Langeweile entsteht, bespannen wir vor dem Fest einen Eß- oder Gartentisch mit einem großen weißen Papier. Wir legen Filzstifte und Wachskreiden bereit. Sobald die ersten Kinder eintreffen, dürfen sie sich an den Tisch setzen und mit Zeichnen und Malen beginnen.

So entsteht ein sehr bunt gezeichneter Geburtstagstisch.

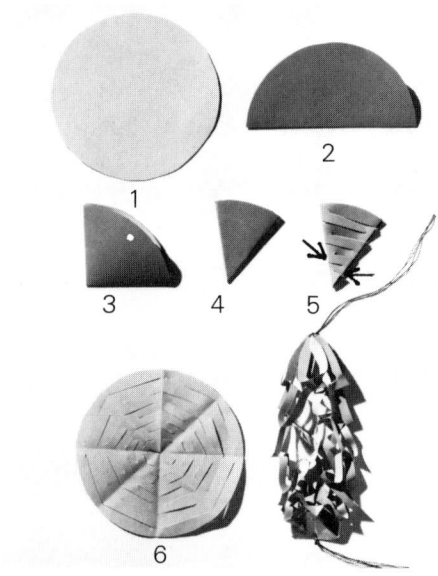

Netzgirlande

1 Wir legen einen Suppenteller umgestülpt auf ein Zeitungspapier und umfahren ihn mit dem Bleistift. Der Kreis wird anschließend ausgeschnitten.
2 Kreis in die Hälfte falten.
3 Hälfte zu Vierteln falten.
4 Viertel zu Achteln falten.
5 Nun sorgfältig mit der Schere einschneiden, einmal rechts, einmal links. Nie bis ganz zum Rand durchschneiden!
6 Wir öffnen den gefalteten, eingeschnittenen Kreis sorgfältig und knüpfen oben die vier «Henkel» mit einem Faden zusammen.
7 Wir ziehen das Netz in die Länge und befestigen auch einen Faden an seinem Boden.

Knüpfen wir mehrere Netze aneinander, entstehen hübsche Girlanden. (Eventuell Heftklammern benützen.)

Streifengirlande

Wir schneiden verschiedenfarbige Kreppa-
pierrollen in Streifen von 4 × 50 cm und zie-
hen diese mit einer Nadel auf einen dicken
Baumwollfaden auf oder hängen sie mit
Heftklammern über eine aufgespannte
Schnur.

Fähnchenschnur

Aus Pappe schneiden wir eine dreieckige
Fähnchenschablone von etwa 15 cm Breite
und 30 cm Höhe. Wir legen diese Schablone
auf Plastiksäcke, wie man sie beim Einkauf
im Warenhaus erhält, und schneiden doppelte Dreiecke aus. Boden des Pappdreiecks
an Bruchkante des Plastiksackes legen, mit
wasserfestem Filzstift umfahren, ausschneiden und über eine gespannte Schnur legen,
mit Heftklammern befestigen. Diese Pla-
stik-Wimpel eignen sich besonders gut für
ein Gartenfest.

47

Päckchenschnur

Anstelle von Preisen können wir eine Päckchenschnur anfertigen. Wir hängen an eine Schnur, auf Augenhöhe der Kinder, in der Stube oder im Garten verschiedene kleine Geschenke auf. Wir packen in gebrauchtes Geschenkpapier – es fällt nachher sowieso auf den Boden – Bleistifte, Radiergummis, Ballone, kleine Süßigkeiten usw. ein. Vor dem Nachhausegehen verbinden wir jedem Gast die Augen. Er darf sich mit einer großen Haushaltschere blind ein Päckchen abschneiden.

Tischkärtchen mit Lochtechnik

Wir falten eine normale weiße Briefkarte in die Hälfte. Aufklappen, auf der Innenseite der einen Hälfte einfaches Motiv vorzeichnen. Die Kinder stechen nun mit einer spitzen Wollnadel oder einer Ahle die vorgezeichneten Linien mit Lochpünktchen ein. Auf weicher Unterlage arbeiten.

Glücksschweinchen

Wir zeichnen auf ein Stück Pappe eine Schweinchen-Schablone von etwa 10 cm Höhe und 7 cm Breite, wie Abbildung zeigt. Achtung: Auf der Vorderseite Ohren nicht vergessen! Schablone ausschneiden, auf rosa Zeichenpapier legen, mit Bleistift umfahren und Schweinchen ausschneiden. Wir falten die Schweinchen in die Hälfte, malen ihnen Augen, Ohren, Nase auf und beschriften sie mit den Namen der eingeladenen Gäste. Auf der Rückseite kleben wir ein gerolltes Papierbändchen als Schwänzchen auf.

Tischkärtchen aus Streichholzschachteln

Wir bekleben leere Streichholzschachteln mit weißem Papier und bemalen sie bunt. Auf der Rückseite der Schublade schreiben wir oben den Namen der Gäste, etwa 1 cm groß. Wir können in den leeren Schachteln kleine Überraschungen verstecken. Am Schluß des Geburtstagsfestes dürfen die Kinder ihre Schachtel und die Überraschung mit nach Hause nehmen.

Schokoladen-Libelle

Aus farbigem Folienpapier schneiden wir im Faltschnitt Libellenflügel. In die Mitte der Flügel, von der Bruchkante aus, schneiden wir zwei Schlitze, durch die wir anschließend einen Schokoladenstengel stoßen. Sehen sie nicht dekorativ aus, unsere Libellen?

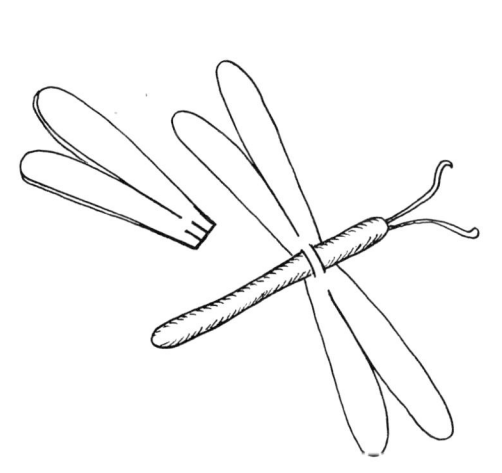

Tischkarten-Schnipp-Schnapp

Wir zeichnen auf quadratische Kärtchen aus festem Papier immer zwei gleiche Motive: Herz, Sonne, Mond, Blume, Hase, Tanne, Fisch, Ball usw. Die Hälfte der Bildchen legen wir in eine Schachtel, die andere Hälfte verteilen wir auf dem Tisch. Bevor sich die Kinder an die gedeckte Geburtstafel setzen, darf jedes Kind ein Kärtchen aus der Schachtel ziehen und sich das passende auf dem Tisch suchen. Wenn es das richtige Bild gefunden hat, darf es sich zu diesem Gedeck setzen.

Halbe Bilder

Wir falten längliche Tischkarten aus festem Zeichenpapier und bemalen sie mit einfachen, lustigen Motiven. Wir schneiden die Bildchen entzwei. Eine Hälfte stellen wir zu einem Teller auf den Tisch, die andere Hälfte bieten wir dem kleinen Gast zur Auswahl an. Mit seiner Hälfte macht er sich auf die Suche nach dem fehlenden Bild. Hat er es gefunden, darf er sich an diesen Platz am Geburtstagstisch setzen.

Ballone als Tischkarten

An Stelle von Kärtchen auf dem Tisch können wir auch Ballone nehmen. Wir blasen sie mit dem Mund auf und verknüpfen sie gut. Wir befestigen sie mit Klebstreifen an der Stuhllehne. Wenn wir das geschickt machen, stehen sie schön gerade, auch ohne Gasfüllung! Damit man die Klebstreifen nicht sieht, kleben wir noch einen bunten Papierkragen darüber. Nun bemalen wir die Ballone mit wasserfestem Filzstift. Auf der einen Seite zeichnen wir lustige Gesichter, auf der andern schreiben wir die Namen der Kinder. Diese Geburtstagsdekoration wird allen gut gefallen!

Blumenkranz

Um das Gedeck des Geburtstagskindes legen wir aus Schnitt- oder Wiesenblumen einen hübschen Kranz!

Tanzende Papierpüppchen

Für Papierpüppchen, die einen Kreis bilden und tanzen, falten wir einen langen Papierstreifen, wie die Abbildung zeigt. Wir zeichnen zwei Püppchen im Faltschnitt auf und schneiden sie aus. Beim Ausschneiden achtgeben, daß die Hände an den Bruchkanten nicht durchgeschnitten werden.

Wollpüppchen

1 Einen Wollfaden über die Hand oder ein Stück Pappe wickeln, bis die gewünschte Dicke erreicht ist.
2 Wollfaden oben abbinden.
3 Kopf abbinden und unten aufschneiden.
4 Für die Arme wickeln wir ein neues Bündel Wollfäden. Hände abbinden und zwischen die Wollfäden unter den Kopf schieben.
5 Taille abbinden. So entsteht eine kleine Frau; wer ein Männchen wünscht, bindet die Beine ab. Am Kopf befestigen wir einen Wollfaden mit Sicherheitsnadel. Diese Tischdekoration können sich unsere Gäste als kleines Andenken anstecken.

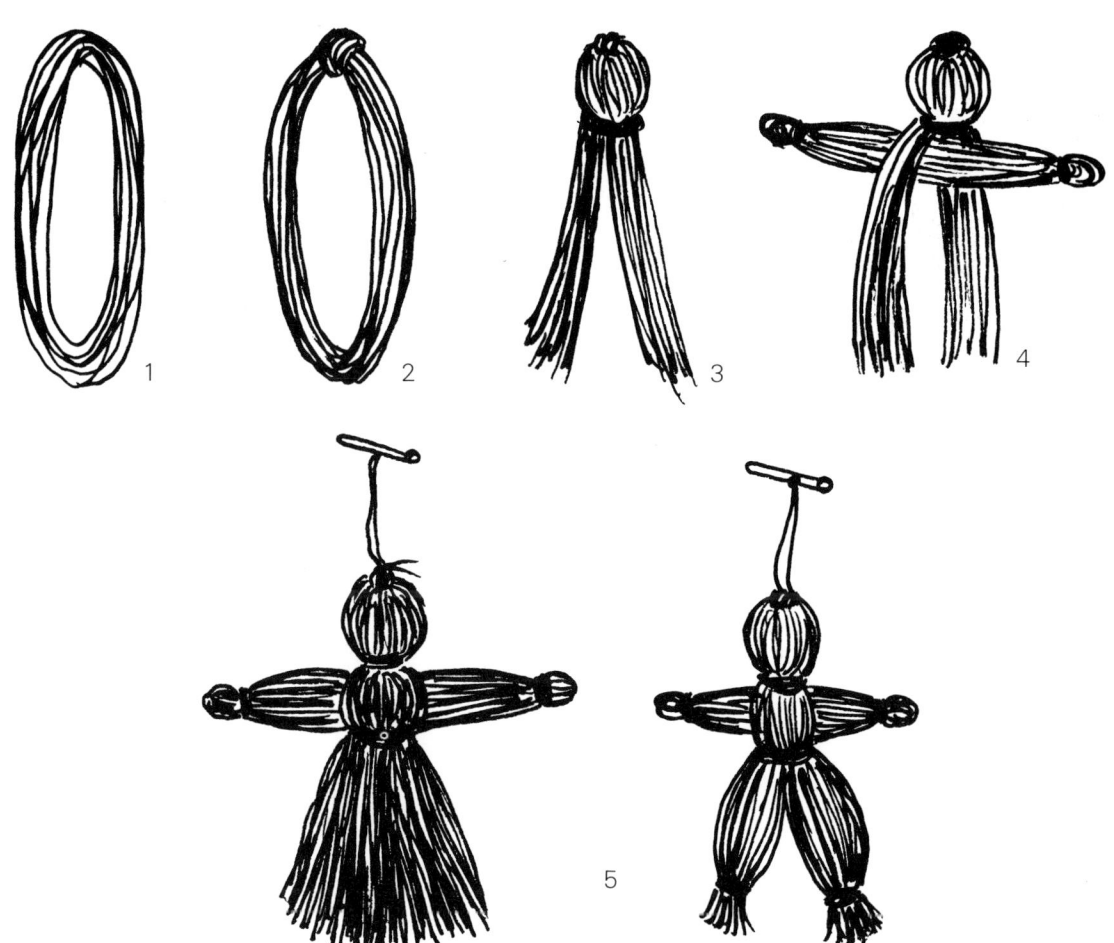

Dampfschiff

So entsteht aus einem Quadrat eine hübsche Tischdekoration:

1 Segelschiff falten.
2 Haus falten.
3 Kuvert falten.
4 Kuvert schließen, wenden.
5 + 6 Zum zweiten Mal ein Segelschiff falten.
7 Haus falten.
8 Kuvert falten.
9 Kuvert schließen, wenden.
10 + 11 Zum dritten Mal ein Segelschiff falten.
12 Haus falten.
13 Kuvert falten.
14 Kuvert schließen, wenden.
15 Vorsichtig zwei gegenüberliegende Quadrate flach nach außen schieben.
16 Die zwei noch liegenden Quadrate aufstellen und nach außen ziehen.
17 Unserm Dampfschiff fehlt nur noch ein dekorativer Anstrich: Namen des Kindes groß aufmalen, einen Wattebausch ins Kamin stecken, einen Kapitän hineinstellen und eventuell das Schiff mit einigen Süßigkeiten beladen.

Fingerpuppe: Kapitän

Wir rollen einen Streifen Schreibpapier zweimal um den Zeigefinger und kleben ihn mit Klebband zusammen. Wir malen Gesicht und Kleider auf, schneiden die Haare ein, und fertig ist der Kapitän.

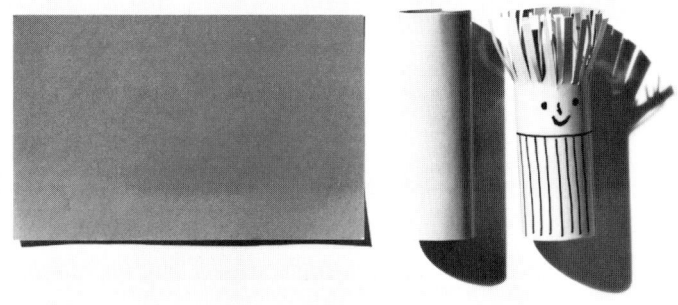

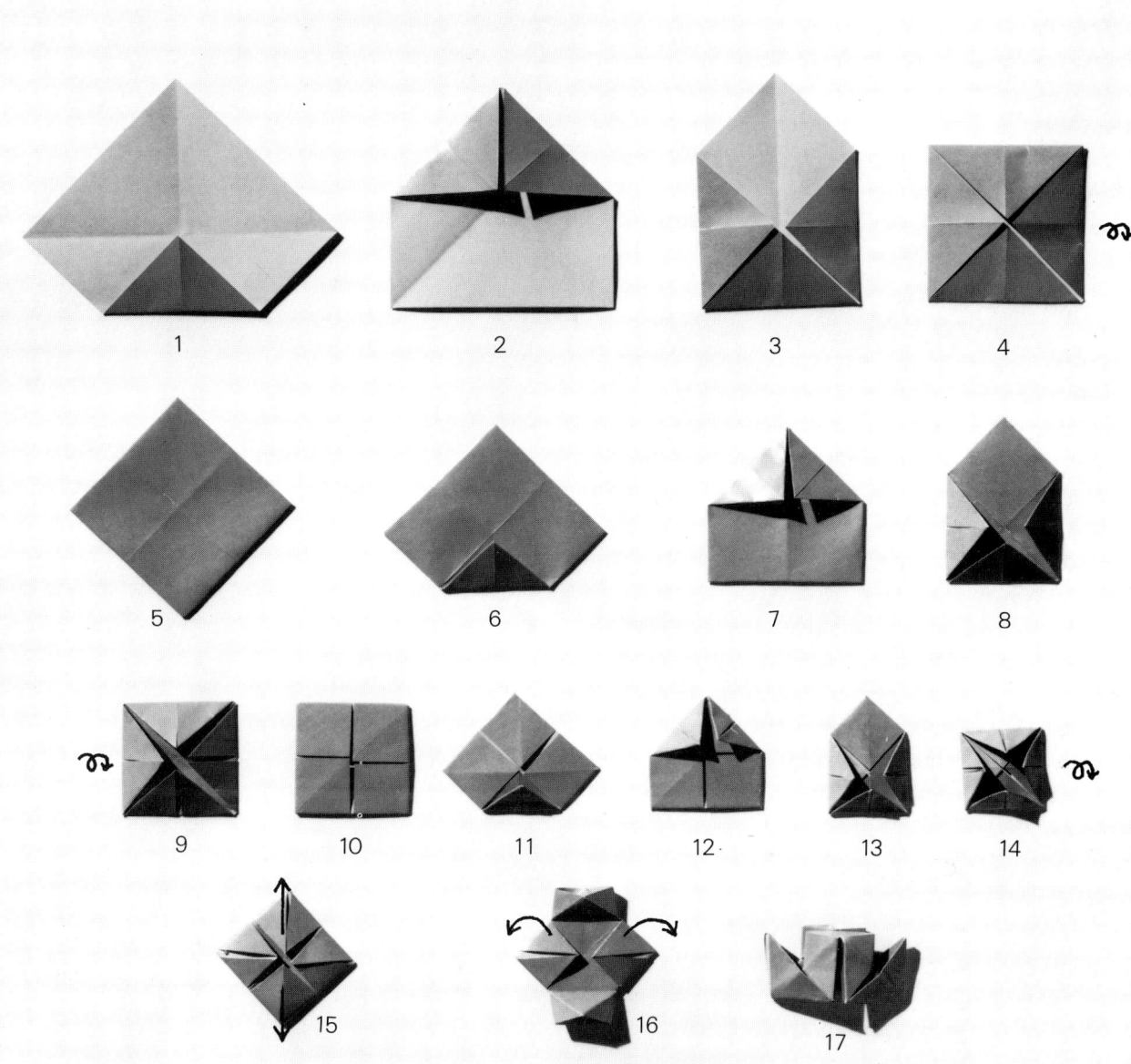

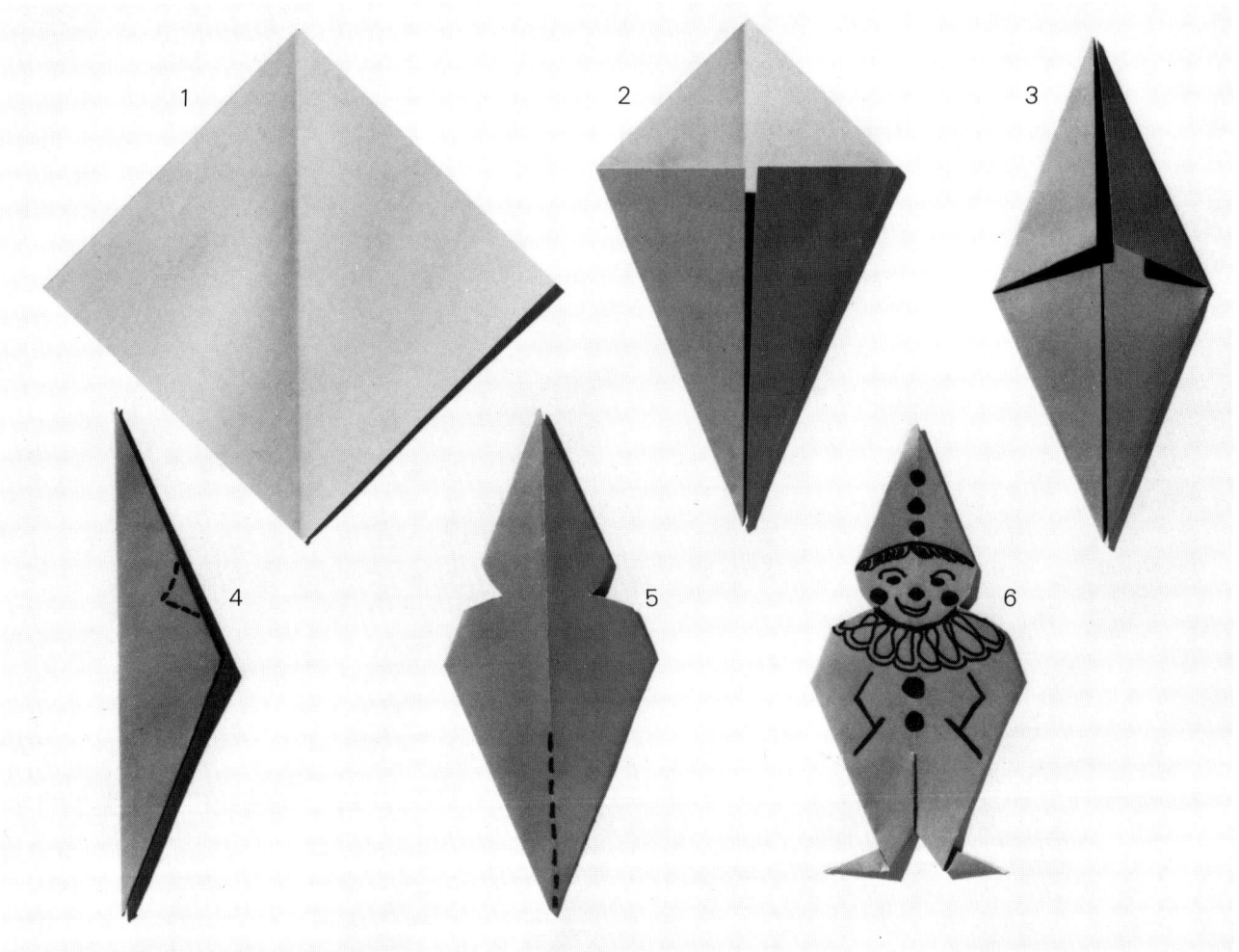

Clown

1 Wir nehmen ein Quadrat von 20 × 20 cm und falten eine Diagonale.

2 Die unteren zwei Seiten des Quadrates an die Mittellinie falten.

3 Die zwei oberen Seiten zur Mittellinie falten.

4 Faltform in die Hälfte legen und Kopfform ausschneiden. (Siehe Abbildung.)

5 Faltform öffnen, Beine einschneiden, wie Abbildung zeigt.

6 Clown aufmalen und Füße nach außen biegen.

Unsere Clowns legen wir als Tischdekoration in die Teller oder stecken sie über den Glasrand.

Marienkäfer

1 Aus rotem Zeichenpapier schneiden wir ein Quadrat und falten es zu einem Dreieck.
2 Linke untere Ecke zur Spitze umknicken.
3 Rechte untere Ecke zur Spitze umknicken und Rundung schneiden, wie Abbildung zeigt.
4 Wir bemalen unseren Marienkäfer mit schwarzen Punkten.
   Diese einfache Faltform können schon Dreijährige verzieren.

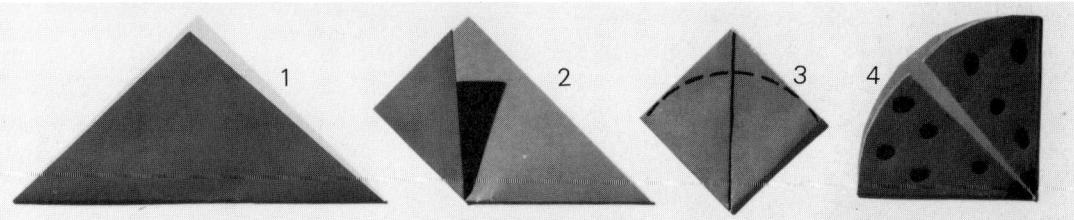

Blumentopf

1 Quadrat zu einem Dreieck falten.
2 Linke untere Ecke auf Punkt X biegen, Bruchkante feststreichen.
3 Rechte untere Ecke auf Punkt X biegen, Bruckkante feststreichen.
4 + 5 Die oben entstandenen losen Drei- ecke nach vorn und hinten herunterfalten, und fertig ist unser Blumentopf.

Blume

1 Für die Blume falten wir ein Quadrat zu einem Dreieck.
2 Wir knicken die untere linke Seite nach oben, wie Abbildung zeigt.
3 Wir knicken die untere rechte Seite nach oben, wie Abbildung zeigt.
Aus starkem Zeichenpapier grünen Blu- menstengel und Blätter schneiden. Sten- gel, Blätter und Blüte in Blumentopf kle- ben. (Siehe Abbildung 6.)

Blumenteller

4 + 5 Damit unser Blumentopf steht, falten wir einen Ständer (Blumenteller), wie Ab- bildung zeigt.

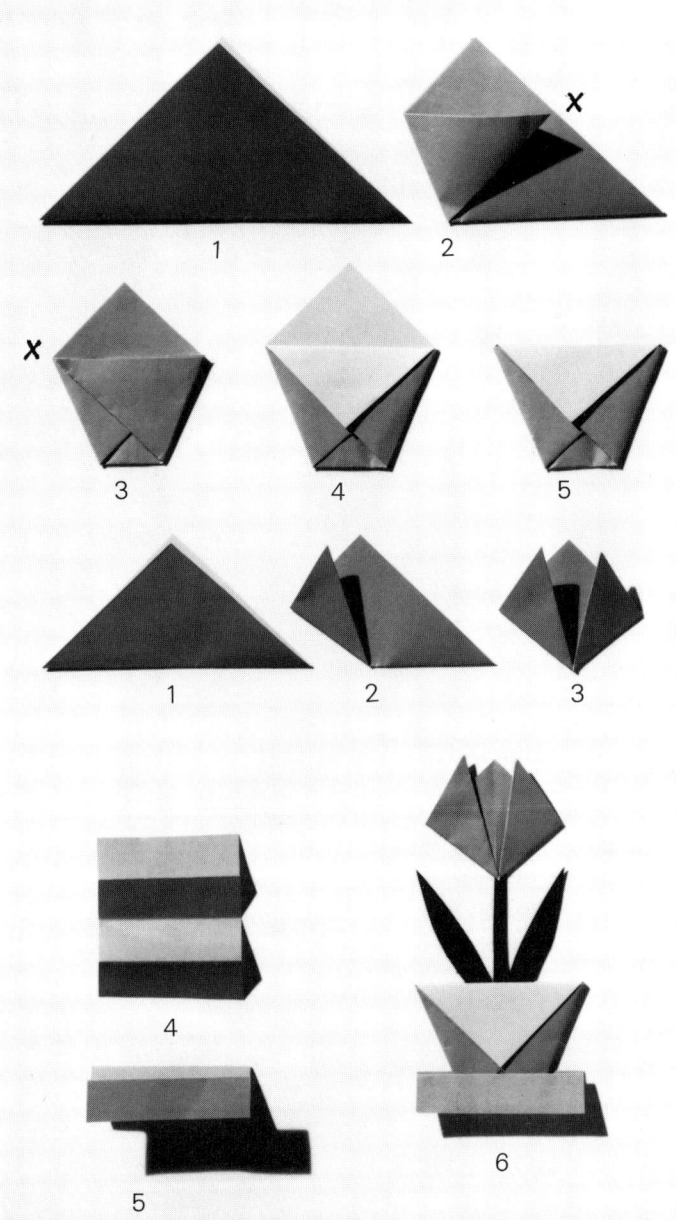

Und wer im Januar Geburtstag hat

Volksweise

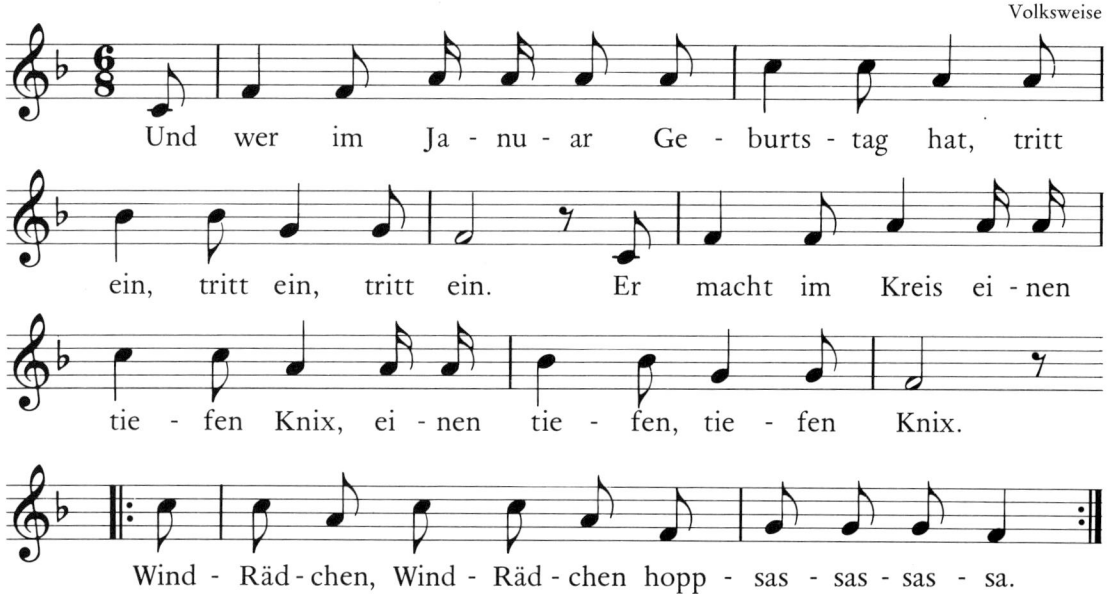

Und wer im Ja-nu-ar Ge-burts-tag hat, tritt ein, tritt ein, tritt ein. Er macht im Kreis ei-nen tie-fen Knix, ei-nen tie-fen, tie-fen Knix. Wind-Räd-chen, Wind-Räd-chen hopp-sas-sas-sas-sa.

Die Kinder halten sich an den Händen und gehen langsam im Kreis. Alle Kinder, die im Januar geboren sind, treten bei den entsprechenden Worten in den Kreis: «Tritt ein, tritt ein, tritt ein!» Sie machen im Takt ihre Knickse oder Verbeugungen. Auf «Windrädchen, Windrädchen...» drehen sie sich um sich selbst, bei der Wiederholung wechseln sie in die Gegenrichtung. Wenn mehrere Kinder im Kreis sind, können sie auch als Pärchen tanzen, indem sie sich an den Händen fassen, oder Arm in Arm! Die Vortänzer treten wieder in den Kreis zurück.

Nun heißt es: «Und wer im Februar Geburtstag hat...» usw. Der Tanz der Geburtstagskinder wird vom Kreis mit Klatschen, Stampfen, Patschen oder Schnalzen unterstützt.

Essen und Trinken

Geburtstagskuchen

Für Kinder ist ein Geburtstagskuchen der Inbegriff ihres Geburtstagsfestes. Fest und Kuchen gehören für sie zusammen. Der Geburtstagskuchen darf an keinem Kindergeburtstag fehlen. Er symbolisiert Fest und Tradition, das Besondere, das Nichtalltägliche.

Sollten Sie als Mutter nicht gerne backen oder keine Zeit dazu haben: ein Geburtstagskuchen muß trotzdem sein! Notfalls läßt sich auch ein einfacher gekaufter Kuchen festlich schmücken mit Kerzen und lustig garnieren mit fertigen Marzipanrosen, Zuckerperlen, Smarties, Mandeln oder kandierten Früchten.

Am schönsten ist es natürlich, wenn wir den Kuchen mit den Kindern gemeinsam backen. Sie rühren gerne Butter und Zucker schaumig und schlagen mit Wonne Eier auf. Kleine Zuckerbäcker sieben mit Eifer Mehl in die Schüssel. Teig ausschlecken ist für alle Leckermäuler eine genüßliche Tätigkeit. Während des Backens ziehen unvergeßliche Düfte durch die Räume. Nach dem Auskühlen des Kuchens ist Zusehen oder Mithelfen beim Verzieren eine wundervolle Sache!

Für kleine Kinder sind die Kerzen das eindrücklichste am Geburtstagskuchen. Wir stecken dem Geburtstagskind für jedes Jahr eine Kerze in den Kuchen.

Ein schöner Brauch ist es, wenn wir beim Anzünden jeder Kerze etwas Lustiges oder Markantes aus dem betreffenden Lebensjahr des Kindes erzählen. Dadurch schaffen wir einen Bezug zur Vergangenheit, und gemeinsam Erlebtes in der Familie bleibt in Erinnerung.

Während die Kerzen brennen, singen wir dem Geburtstagskind ein Gratulationslied. Die Glückwünsche der Eltern und der Geburtstagsgäste beziehen sich auf heute und das kommende Jahr.

Nach diesem kleinen Ritual darf das Geburtstagskind versuchen, alle Kerzen auf einmal auszupusten. Vorher denkt es sich einen Wunsch aus. Wenn es ihm gelingt, alle

Kerzen mit einem Atemzug auszublasen, und es den Wunsch nicht ausplaudert, wird er in Erfüllung gehen, sagt man . . .

Damit der Kuchen den Kindern nicht zu schwer im Magen liegt, haben wir ein paar einfache Rezepte zusammengestellt, die nicht zu mastig und nicht zu süß sind. Sie lassen sich auf einfache Art abwandeln. Sie finden auch Anregungen für hübsche Kuchenformen und viele Ideen zum Schmücken und Verzieren.

Zwischen den Rezepten und den Fotos sind lustige, originelle Kinderzeichnungen von Geburtstagskuchen eingestreut. Kinder verschiedenen Alters haben sie für uns gezeichnet.

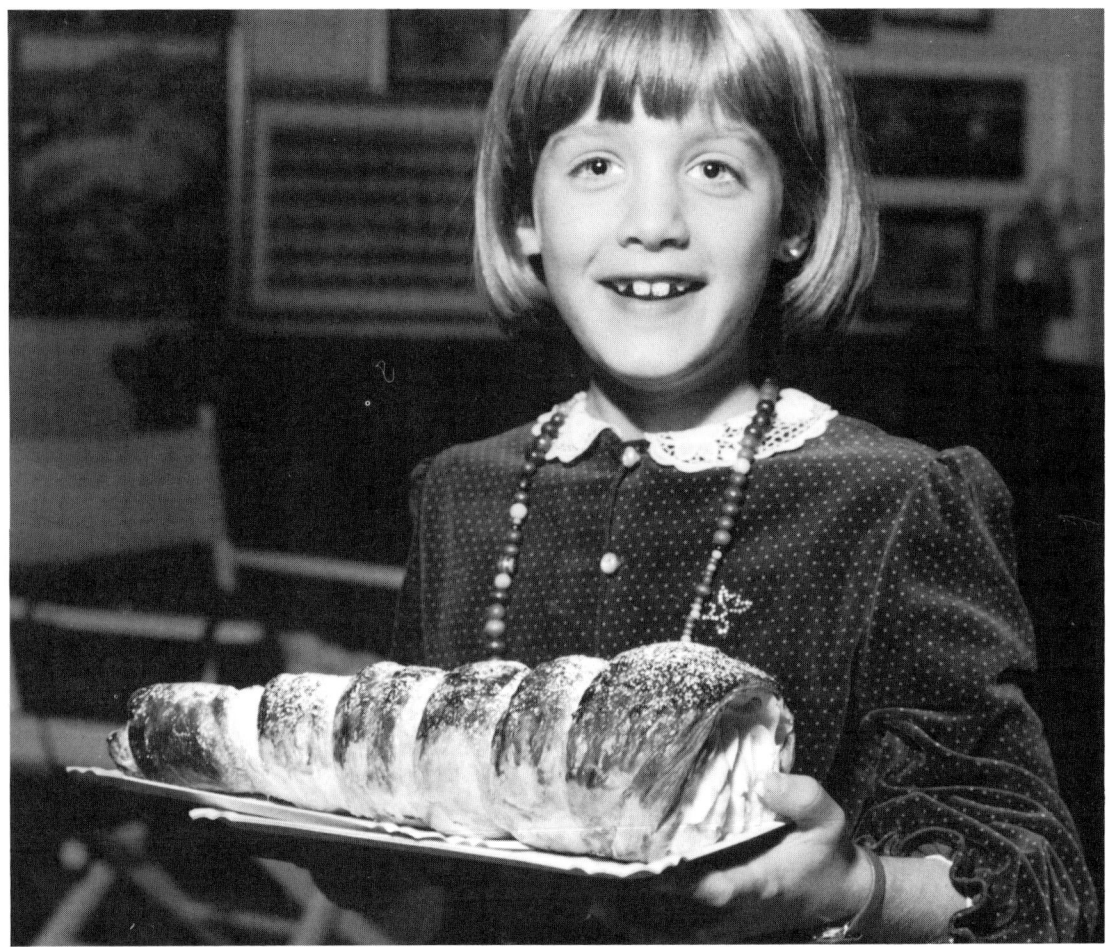

Riesige Schillerlocke

Hier eine ausgefallene Idee für backfaule Mütter. Fanny hat sich mit ihrem Vater häufig spaßeshalber gestritten, wenn es Schillerlocken vom Bäcker zum Nachtisch gab. Jeder wollte für sich den größeren Anteil haben von dieser feinen Süßigkeit! Darum kamen Fannys Eltern auf die Idee, ihr zum Geburtstag eine riesige Schillerlocke backen zu lassen. Sie mußten dem Bäcker nur ein Modell aus Pappe liefern, das den Teig beim Backen stützte. Das war kein Problem. Sie formten aus Karton einen Kegel in der gewünschten Größe.

Auf unserem Bild sehen Sie das Resultat vom Bäcker und die strahlende Fanny, die ihr großes Glück kaum zu fassen wagt . . .

Backe, backe Kuchen

Volksweise

Bak - ke, bak - ke Ku - chen, der Bäk - ker hat ge - ru - fen!

Wer will gu - ten Ku - chen bak - ken, der muß ha - ben

sie - ben Sa - chen: Ei - er und Schmalz, But - ter und Salz,

Milch und Mehl, Sa - fran macht den Ku - chen gel.

Schieb, schieb in'n O - fen ein!

63

Einfache Nußtorte

200 g Butter 4 Eier 500 g Zucker 1 Prise Salz	schaumig rühren. Zucker und Salz abwechslungsweise mit den Eiern in die Butter geben und die Masse tüchtig schaumig rühren.
1 Zitronenschale 200 g Haselnüsse 1 Tasse Milch 400 g Mehl 1 Päckchen Backpulver	abreiben. gemahlen beigeben. Mehl und Backpulver vermischen, in die Masse sieben und abwechslungsweise mit der Milch sorgfältig darunterrühren. Die Springform, Ø 24 cm, mit Butter ausstreichen und die Masse einfüllen. Backen: In vorgewärmtem Ofen bei schwacher Hitze, 180–200 Grad, ¾–1 Stunde.

Verzierung
Puderzucker
Scherenschnitt

Wir garnieren unsere Nußtorte mit einem Scherenschnitt und Puderzucker. Wir schneiden einen Kreis aus Papier. Er sollte denselben Durchmesser haben wie die Torte. Den Kreis falten wir zusammen und schneiden ein hübsches Scherenschnittmuster aus. Wir legen das flachgestrichene Papier auf die Torte und stäuben mit dem Mehlsieb eine dünne Schicht Puderzucker darüber.
Vorsicht beim Abheben, damit das Puderzuckermuster nicht verschmiert!

Scherenschnittverzierungen
auf einfacher Nußtorte

Sag mal, ist es wirklich wahr

Text: Lisa Kirner
Melodie: Liselotte Rockel

1. Sag mal, ist es wirk-lich wahr, wirst du heu-te schon vier* Jahr? „ja"
2. Sag, mal, läd'st du uns auch ein? Dür-fen wir beim Fei-ern sein?

Ja, ja, ja, es ist wahr, Mi-cha-el** wird heut vier* Jahr'.
Ja, ja, ja, er läd't ein, fei-ern wir, o, das ist fein.

Drum wün-schen wir ihm recht viel Glück und von sei-nem Ku-chen,
Nun krie-gen wir zu un-serm Glück auch von sei-nem Ku-chen,

und von sei-nem Ku-chen das al-ler, al-ler-be-ste Stück.
auch von sei-nem Ku-chen ein rie-sen, rie-sen-gro-ßes Stück.

* Alter des Geburtstagskindes
** Name des Geburtstagskindes

Erstlings-Gugelhupf

Zum 1. Geburtstag backen wir unserem klei-nen Liebling einen eigenen Mini-Kuchen oder ein «Gugelhüpfchen».

Wir nehmen vom Teig, den wir für unseren Kuchen zubereitet haben, eine kleine Men-ge weg und backen den Erstlings-Gugelhupf zusammen mit dem Familienkuchen. Er braucht aber etwas weniger Zeit zum Bak-ken.

Dieser Gugelhupf sollte gerade so groß sein, daß sich mühelos eine Kerze hinein-stecken läßt!

Rührteig

Sechs auf einen Streich: Aus unserem einfachen Grundrezept «Rührteig» können Sie mit kleinen Änderungen der Zutaten fünf weitere Geburtstagskuchen backen.

Kinder lieben lustige Kuchenformen. Unsere Vorschläge: Schmetterlingskuchen, zweistöckiger Kuchen, Sternenkuchen.

Die angegebene Menge reicht für eine Springform von Ø 24 cm; den Blumenkuchen oder den Schmetterlingskuchen. Für den zweistöckigen Kuchen brauchen wir 2× die angegebene Menge. Für Herz- und Sternenform reicht die Teigmenge für zwei Kuchen (Ø 20–22 cm).

Blumenkuchen

150 g Butter — schaumig rühren.
250 g Zucker (1½ Tassen)
3 kleine Eier
Zitronenschale
1 Prise Salz — abwechslungsweise zur Butter rühren, sorg-
1½–2 dl Milch — fältig beigeben.
300 g Mehl (2 Tassen) — Mehl und Backpulver mischen, zum Teig
3 Teelöffel Backpulver — sieben und gut mit den übrigen Zutaten verrühren.

Backform fetten und mit Mehl bestäuben.

Backen: Bei 180 Grad ca. 45 Minuten, Nadelprobe machen.

Varianten

1. 100 g Haselnüsse gemahlen,
   dafür nur 250 g Mehl
2. 100 g Weinbeeren
3. 100 g Schokoladenstückchen
4. 80 g Schokoladenstreusel
   (Ameisenkuchen)
5. 100 g Kokosflocken, dafür nur 250 g Mehl; anstatt Zitronenschale Orangenschale

66

Herzkuchen

Glasuren

Puderzuckerglasur

180 g Puderzucker
ca. 1 Eßlöffel Wasser
1 Eßlöffel Zitronen-
saft

sieben

zusammen anrühren, bis die Masse die richtige Dicke hat, glatt ist und schön glänzt.

Dunkle Glasur

Wir färben die Puderzuckerglasur mit Kakaopulver. Pulver langsam einrühren, bis die gewünschte Dicke und Farbe entsteht.

Farbige Glasur

Wir färben die Puderzuckerglasur mit Lebensmittelfarbe (in Drogerien erhältlich).

Rosarote Glasur

Wir färben die Puderzuckerglasur mit Himbeersirup. Zusammenrühren, bis die gewünschte Farbnuance und Dicke entsteht.

Schmetterlingskuchen

Kuchen siehe
Grundrezept
«Rührteig».
Springform von
Ø 24 cm verwenden.

Den gebackenen und ausgekühlten Kuchen
halbieren, Schnittflächen nach außen legen.
Den Schmetterlingskörper markieren wir
mit einem «Liebesknochen» (oder Marzi-
panbrot), den wir auf die aneinanderstoßen-
den Flügel legen. Fühler aus Goldfolie drehen und in den «Liebesknochen» einstek-
ken.

Verzierung
**Vanillepudding
(Beutel)
Beeren oder Früchte
Schlagsahne**

Kuchenhälften mit dickem Vanillepudding
bestreichen.
Mit Beeren oder Früchten, je nach Jahreszeit, belegen.
Mit Schlagsahne garnieren.

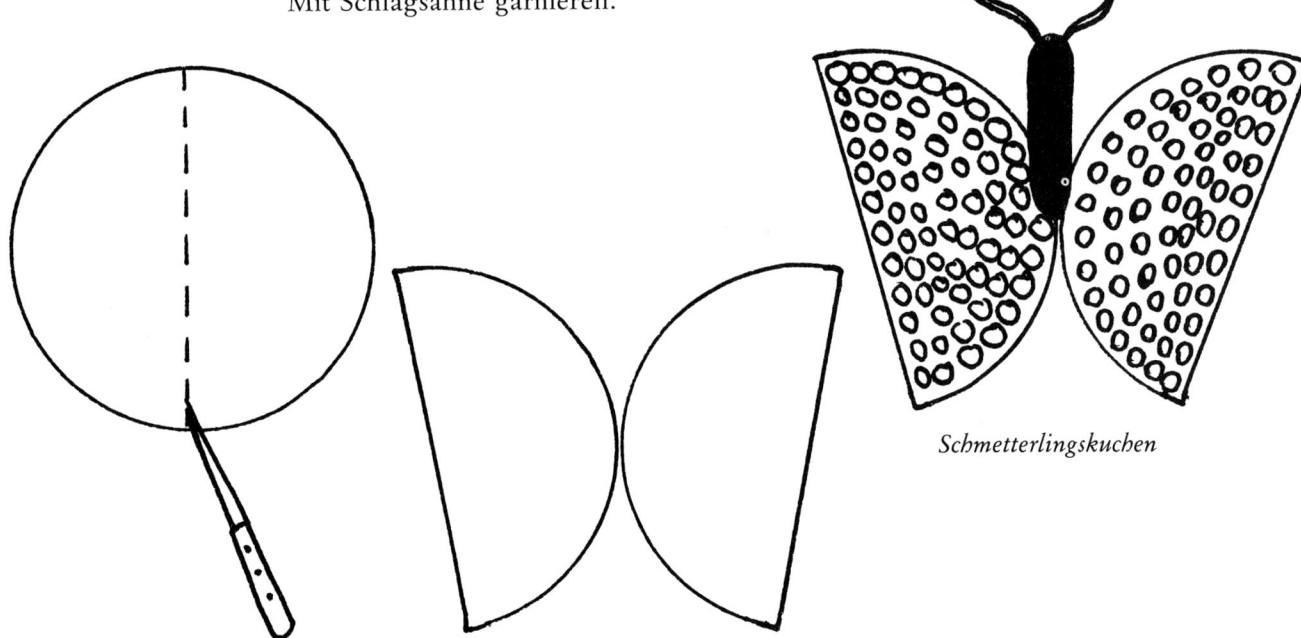

Schmetterlingskuchen

Verzierungen

Folgende Zutaten eignen sich besonders gut
zum Verzieren von Geburtstagskuchen:

Smartis

bunte Schokoladenplätzchen

Silberperlen

Liebesperlen

Zuckerblumen

Schokoladenstreusel

Mokkabohnen

Walnußhälften

und außerdem:
Haselnüsse
Zuckermandeln
Geschälte Mandeln
Mandelblättchen
Schokoladenmünzen
Marzipanfiguren

Kerzen und Kerzenhalter

Lokomotive

Biskuit

4 Eigelb
2 Eßlöffel heißes Wasser
120 g Zucker   schaumig rühren.
120 g Mehl
4 Eiweiß, geschlagen   sorgfältig darunterrühren.

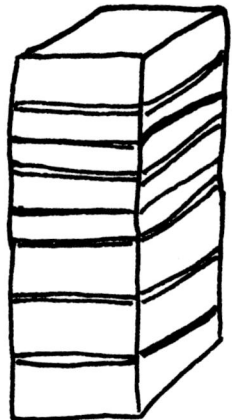

Rechteckiges Backblech (35–42 cm) mit Pergamentpapier belegen, einölen, Masse darauf verteilen.

Backen: Im vorgeheizten Ofen, bei guter Mittelhitze, 200–220 Grad, ca. 8 bis 10 Minuten.

Küchenhandtuch mit Zucker bestreuen, gebackenes Biskuit rasch darauf stürzen, dann sofort das Papier entfernen. Biskuit in der Mitte halbieren.

Eine Hälfte für die Roulade samt Handtuch aufrollen und auskühlen lassen. (Auf diese Art kann das Biskuit auch noch nach Stunden gefüllt werden, ohne daß dieses bricht.)

Zweite Hälfte für Schnitten (35×20 cm) in 8 Stücke schneiden (ca. 8,5×10 cm).

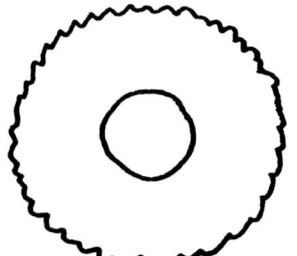

Füllung und Schokoladenglasur auf Seite 74

73

Füllung

80 g Butter	
40 g Puderzucker	
1 Eigelb	schaumig rühren.
1 Eßlöffel Vanillezucker	zugeben.
	Die Hälfte dieser Masse auf die ausgekühlten Schnitten streichen.
	Zweite Hälfte für Roulade verwenden.
3 Bananen	fein scheibeln. Je zur Hälfte auf die Schnitten und in die Roulade verteilen.
	Lokomotive formen.

Schokoladenglasur

150 g dunkle Schokolade	schmelzen.
20 g Butter	
1 Eßlöffel Puderzucker	
2–3 Eßlöffel Wasser	zusammen verrühren.
	Lokomotive mit dieser Glasur überziehen.
6 Makrönchen oder runde Plätzchen	Seitlich je 3 «Räder» an die noch feuchte Glasur andrücken.
	Kerze als Kamin einstecken.

Kinder zeichnen ihren Traumkuchen
– Geburtstags-Igel
– Micky-Maus-Kuchen
– Seeräuber-Torte

74

Kuchen siehe
Grundrezept
«Rührteig»,
(2× die angegebene
Menge).
Springformen von Ø
24 cm und Ø 20 cm
verwenden.

Einfache Buttercrème
½ l Milch
Vanillepudding
(1 Beutel)
100 g Zucker
100 g Butter

Zweistöckiger Kuchen

Nach Erkalten beide Kuchen quer zerschneiden in je zwei gleichmäßig dicke Platten. Mit der angegebenen Buttercrème füllen. Beide Kuchen sorgfältig aufeinandersetzen und überziehen.

Vanillepudding kochen, wie auf dem Beutel angegeben.
Butter schaumig rühren, Pudding löffelweise dazugeben und kräftig rühren. (Butter und Pudding sollten die gleiche Temperatur haben.)
Erkalten lassen, Torte damit füllen, überziehen und mit Spritzsack verzieren. Damit die Torte zweifarbig aussieht, mischen wir unter einen Teil Buttercrème etwas Kakaopulver.

Hefeteigfiguren

Hefeteig ist ein herrliches Knetmaterial. Wir können Kinder mit lustigen Figuren überraschen! Hefeteigfiguren sehen auch als Tischdekoration hübsch aus. Auch Kinderhände formen phantasievolle Teiggebilde.
Das Modellieren von Hefeteigfiguren eignet sich gut als Anfangsspiel für ein Geburtstagsfest. Wichtig ist nur, daß wir vor Eintreffen der ersten Kindergäste in der Küche alles Nötige gut vorbereitet haben. Für Kinder bis zu fünf Jahren bereiten wir den Hefeteig selber vor. Größere Kinder können den Teig unter unserer Anleitung selber kneten!
Wir stellen Rosinen, Mandeln und Haselnüsse zum Verzieren auf den Küchentisch. Auch Scheren, um Muster einzuschneiden,

sowie Eigelb und Pinsel dürfen nicht fehlen. Jedem Kind, das eintrifft, geben wir eine Küchenschürze und drücken ihm zwei Teigkugeln in die Hände. Daraus formt es Teigtiere oder -männchen. Die fertig verzierten Gebilde werden auf ein eingefettetes Backblech gelegt und mit Eigelb bepinselt. Nach und nach verschwinden die Kinder zum Spielen im Kinderzimmer.
Sobald alle Teigfiguren im Ofen backen, machen wir Gesellschaftsspiele, bis das Gebäck goldgelb und knusprig ist. Nach dem Auskühlen essen wir die fein duftenden Figuren als Geburtstags-Schmaus. Den Rest der wunderschönen Igel, Fische, Schnecken, Hasen, Schildkröten, Männchen oder Blumen dürfen die Kinder am Schluß ihres Festes mit nach Hause nehmen. So können sie ihren Eltern zeigen, was sie Hübsches gebacken haben.

*Anleitung zum Taubenkranz
siehe Seite 78*

Teigtiere

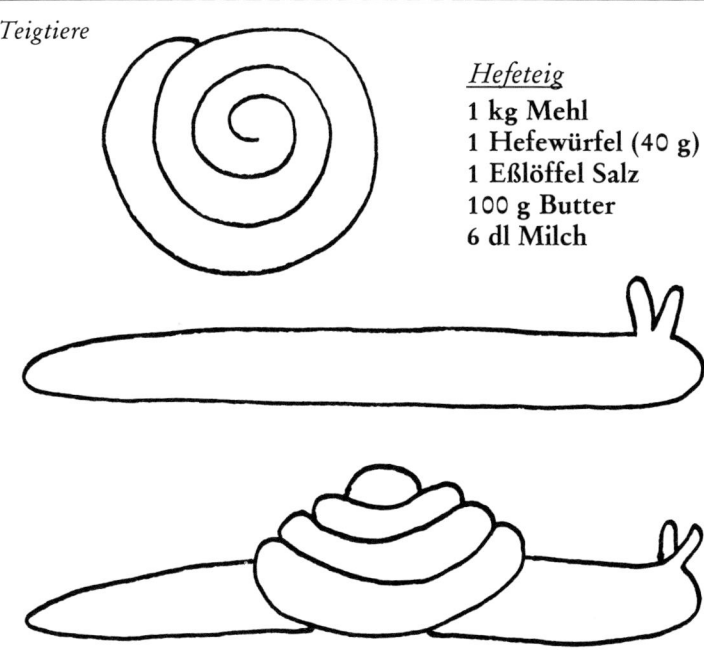

Hefeteig
1 kg Mehl
1 Hefewürfel (40 g)
1 Eßlöffel Salz
100 g Butter
6 dl Milch

Tiere aus Hefeteig

Mehl in eine Schüssel geben. In die Mitte eine Vertiefung drücken. Salz außen auf dem Mehlkranz verteilen. Hefe von Hand in die Vertiefung bröckeln.

Butter in einem Töpfchen schmelzen, vom Herd nehmen. Milch zur Butter geben. Diese lauwarme Buttermilch in das Mehl rühren.

Teig gut kneten und klopfen, bis er gleichmäßig elastisch ist. In der zugedeckten Schüssel während etwa 1 Stunde ums Doppelte aufgehen lassen.

Teigtiere formen.

Auf dem gebutterten Backblech nochmals kurz gehen lassen, mit Eigelb bestreichen.

Backen: Im vorgewärmten Ofen bei 200–220 Grad ca. 30 Minuten.

Taubenkranz

Wir bereiten einen
Hefeteig zu (siehe
Hefeteigrezept).

Nach dem Aufgehen flechten wir aus der
Hälfte des Teiges einen Hefekranz: Wir rollen drei gleichschwere Teigrollen und flechten daraus einen Dreierzopf (siehe Abbildung).

Aus der anderen Hälfte des Teiges formen
wir Tauben (siehe Abbildung) und setzen
sie auf den Hefekranz.

Auf dem gebutterten Backblech nochmals
kurz gehenlassen, mit Eigelb bestreichen.
Backen: Im vorgewärmten Ofen ca. 15 Minuten bei 220 Grad, dann 25 Minuten bei
180 Grad.

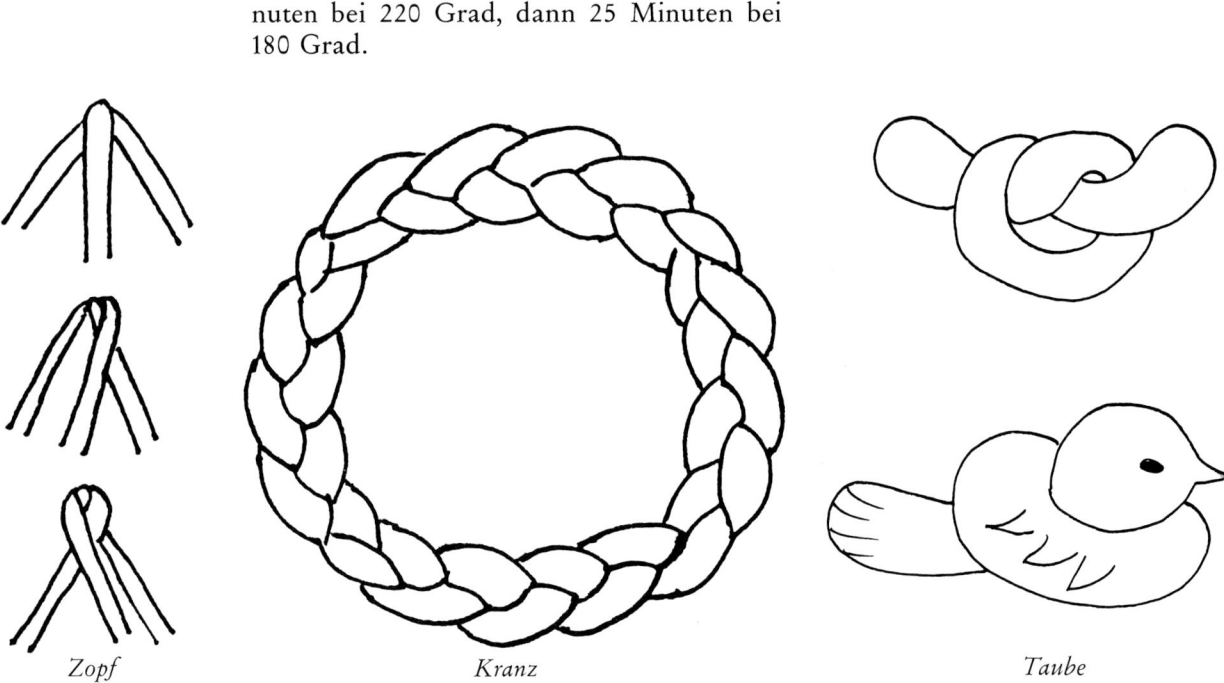

Zopf   *Kranz*   *Taube*

Mürbeteigplätzchen

Sich zu schmücken, den Raum zu dekorieren oder Gebäck festlich zu verzieren, ist ein uralter Brauch. Früher wurden oft Lebkuchen mit Spritzverzierungen oder Bildchen geschmückt. Nach meiner Backerfahrung sind Lebkuchen etwas schwierig und aufwendig zum Selbermachen. Sie sind lange haltbar, werden aber gerne hart. Lebkuchen sind in unserer Gegend eher ein traditionelles Gebäck für St. Nikolaus und Weihnachten. Darum habe ich nach einem einfachen Rezept für Festschmuck-Gebäck gesucht und bin auf Mürbeteig gestoßen.

Er ist in der Herstellung einfacher und läßt sich prächtig dekorieren. Dieses Gebäck ist weniger lange haltbar. Es bleibt dafür mürbe, und es zergeht einem beim Kosten auf der Zunge. Ich möchte Ihnen ein paar originelle Ideen vorstellen.

Zur Ausführung brauchen Sie Mürbeteig, viel Phantasie für lustige Formen und nach dem Backen genügend Dekorationsmaterial zum Verzieren der kleinen Kostbarkeiten!

Mutige Zuckerbäcker färben ihre Plätzchen rosarot, himmelblau und hellgrün... Da Kinder gerne in Farben schwelgen, helfen sie freudig mit, Fische, Loch-Plätzchen, Hahn und Männchen oder Dominosteine mit Glasuren und süßen Zutaten in Farbgemälde zu verwandeln.

«Loch-Plätzchen»

Wir schneiden aus Mürbeteig großflächige Kreise (20–25 cm ∅) oder Quadrate aus. In diese stechen wir mit Weihnachtsgebäck-Ausstechern «Lochmuster» aus. Nach dem Backen verzieren wir die dekorativen Plätzchen mit Linien und Punkten. Am besten wirken die Muster aus Schokoladenglasur.

Kleine «Loch-Plätzchen», mit nur einer Formaussparung, überziehen wir mit bunter Puderzuckerglasur und garnieren es mit farbigem Zuckerzeug.

Fische

Wir schneiden aus Mürbeteig etwa handgroße Fischformen aus: Es gibt in Fachgeschäften entsprechende Ausstechformen. Oder wir zeichnen die Formen auf einen Karton, schneiden sie aus, legen sie auf den Teig und umfahren sie mit einem scharfen Küchenmesser.

Nachdem die Fische gebacken und ausgekühlt sind, garnieren wir sie mit Schokoladenglasur, Liebesperlen, Silberperlen, bunten Schokoladenplätzchen, Mandelplätzchen usw.

Hahn und Männchen

Außer Fischen können wir aus dem ausgewallten Mürbeteig auch Männchen und andere Tiere ausschneiden.

Dominosteine

Wir schneiden aus Mürbeteig Dominosteine. Nach dem Backen und Auskühlen bemalen wir die Dominosteine mit den passenden Zahlenpunkten. Am besten eignet sich Puderzuckerglasur, braun gefärbt mit Kakao- oder Schokoladenpulver. Bevor die Dominosteine gegessen werden, spielen wir mit den Kindern eine Runde.

Mürbeteig

250 g Butter 2 Eier 125 g Zucker	weich und schaumig rühren.
1 Prise Salz	abwechslungsweise in die Butter geben und die Masse tüchtig rühren.
1 Zitronenschale	abreiben und beifügen.
500 g Mehl	dazusieben, kurz rühren und kneten. ½ Stunde kühl stellen.
	¾ cm dick auswallen und mit beliebigen Förmchen ausstechen.
	Backen: Bei 180 Grad, ca. 10–15 Minuten.

Verzierungen

Puderzuckerglasur, weiß	Siehe Rezeptbeschreibung zu Kuchen aus «Rührteig».
Farbige Glasuren	Kakao- oder Schokoladenpulver beimischen; oder Himbeersirup; oder einige Tropfen Rote-Bete-Saft; oder verschiedene Lebensmittelfarben.
Zum Garnieren	Geschälte Mandeln, Mandelplättchen, Liebesperlen, Silberperlen, bunte Schokoladenplätzchen, Schokoladenmünzen, Schokoladenkaffeebohnen.

Festgetränke

Die meisten Kinder haben durstige Seelen. Darum sollten wir für ein Geburtstagsfest immer reichlich Getränke vorbereiten.

Glaskrüge sehen hübsch aus, weil sie durchsichtig sind und die Kinder sich «ihren» Saft in ihrer Farbe auswählen können.

Auf einem Tablett für Selbstbedienung im Freien oder schon neben dem Teller auf dem Geburtstagstisch stellen wir die nötigen Gläser oder Papierbecher zurecht. Damit sie nicht verwechselt werden und jedes Kind sein Glas kennt, dekorieren wir sie mit bunten Figuren aus Selbstklebefolie oder Abziehbildchen. Zahlen malen wir mit rotem Nagellack auf die Gläser. Auch Trinkhalme dürfen nicht fehlen, sie geben unserer Party eine festliche Note.

Unsere Überraschungs-Eiswürfel kommen in Gläsern am besten zur Geltung.

Man sollte Kindern nie *nur* Getränke anbieten. Jüngeren Kindern schenken wir unsere Festgetränke zum Geburtstagsessen ein. Schulkinder freuen sich an einem Selbstbedienungstisch mit Getränken und feinen Sachen zum Knappern: Pommes chips, Erdnüsse, Salzstangen, Mandeln usw.

Bananenmilch

2 Bananen
1 l Milch

im Mixglas pürieren.

beigeben.

Anstelle von Bananen können auch andere Früchte verwendet werden: Beeren, Aprikosen, Birnen. (Saure Früchte leicht mit Zukker süßen.) Vorsicht: Je saurer die Frucht, desto schneller gerinnt die Milch. Deshalb Milchgetränke erst kurz vor dem Servieren zubereiten.

Lustige Teesorten

Kräutertee mit
Zitronensaft

Z. B.: Melisse
Lindenblüten
Pfefferminze
Hagebutten
Blümchentee (verschiedene Mischungen in Drogerien erhältlich) oder Früchtetee

Sommertee

Lindenblüten
Pfefferminze
Zitronenmelisse
Honig, Zucker oder
Zitronensirup

mit kochendem Wasser übergießen.

nach Belieben zum Süßen verwenden.

Punsch

¾ l Apfelsaft
4–5 Eßlöffel Zucker
Saft von 2 Orangen
Saft von 1 Zitrone
½ Zimtstengel
2 Nelken
¾ l Schwarztee

Apfelsaft, Zucker und Gewürze miteinander aufkochen. Orangen- und Zitronensaft beifügen und durch ein Sieb in den heißen Schwarztee gießen.

Bowle

**500 g Beeren oder
Aprikosen, Birnen,
Pfirsiche, Ananas
3–4 Eßlöffel Zucker
Saft von 1 Zitrone
2 l Traubensaft oder
Most
½ l Mineralwasser**

Die Früchte mit dem Zitronensaft und dem
Zucker in eine Schüssel oder in einen großen Krug geben. Den Traubensaft dazugie-
ßen.
1 bis 2 Stunden an einem kühlen Ort ziehen
lassen.
Vor dem Servieren das gekühlte Mineralwasser beigeben.

Eiswürfel

Zitronen und Orangen mit Sparschäler
schälen.
Herzchen, Sternchen und andere Figuren
ausstechen.
Eiswürfelbehälter zu ⅓ mit Wasser füllen.
Zitronenmelissenblätter darauflegen, ebenso
die Figürchen aus den Obstschalen.
Mit weiterem ⅓ Wasser auffüllen und ge-
frieren lassen.
Nach Belieben weitere Verzierungen ein-
legen. Das letzte Drittel Wasser auffüllen.
Eiswürfel fertig gefrieren lassen.

Pikante Herrlichkeiten

Nicht alle Kinder sprechen auf Süßigkeiten an. Darum haben wir hier eine bunte Palette von pikanten Herrlichkeiten zusammengestellt.

Die Brotschlange, die Gurkenschlange und die Kaktusbüsche wirken exotisch. Findet das Fest unter einem bestimmten Motto statt, wie etwa: Cowboy, Safari oder Ölscheich, wäre dieser Imbiß-Vorschlag goldrichtig.

Wurstbrotmännchen und belegte Brote regen die Kinder zu gemeinsamem Tun und kreativem Gestalten an. Mit Gemüse, Aufschnitt und Käse lassen sich phantasievolle Brotbilder legen. (Siehe «Eßbare Tischkarten».)

Oder möchten Sie die diesjährige Geburtstagsfeier unter dem Motto «Schlaraffenland» starten oder mit einer Pizzeria eröffnen?

Wenn das Geburtstagskind bereits zur Schule geht, möchte es vielleicht seine Kameraden zu einem Spaghettischmaus einladen. So oder so, wir wünschen viel Spaß mit unsern pikanten Herrlichkeiten!

Brotschlange

Sieht sie nicht lebendig, sogar gefährlich aus, unsere Brotschlange mit der roten Paprikazunge?

Wir brauchen für unser Wüstentier ein Pariserbrot.

Der raffinierte Ringelschnitt entsteht, indem wir der Länge nach in unser Brot einen Holzstab von ½–1 cm Durchmesser stoßen. Ein gewöhnlicher Pflanzenstab reicht völlig aus. Das Holz muß an beiden Enden herausschauen. Wir legen das Brot mit Stab auf ein Holzbrett. Für den Kopf der Schlange lassen wir ein Stück von 10 cm ungeschnitten stehen. Nun beginnen wir, rechtwinklig zum Brot, eine Spirale zu schneiden. Einschneiden, bis die Klinge das Holz trifft. Das Brot zum Schneiden ununterbrochen, sorgfältig und langsam drehen. Die Schnittlinie sollte etwa 1–2 cm auseinanderliegen. So weiterfahren, bis man ans Ende des Pariserbrotes gelangt.

Nun ziehen wir den Stab vorsichtig heraus. (Am besten transportieren wir die Schlange mit dem Stab dorthin, wo wir sie am Schluß haben möchten. Wir müssen sie dann nur noch in die gewünschte Form biegen.)

Den Kopf der Schlange garnieren wir mit einer roten Paprikazunge und setzen auch Augen ein.

Gurkenschlange

Saftige Gurken sind im Sommer auch bei Kindern sehr willkommen.

Wir brauchen für unsere Gurkenschlange eine gerade, glatte Gurke mit sauberer, unversehrter Schale.

Außerdem benötigen wir ein scharfes Küchenmesser, einen Holzstab, der etwas länger ist als die Gurke und einen Durchmesser von ½–1 cm hat.

Die Gurkenschlange wird genauso zugeschnitten wie die Brotschlange.

Kaktusbüsche

Aus Grapefruits zaubern wir Wüstenpflanzen:

Wir bestecken die Grapefruits mit Zahnstochern, auf die wir Würfel aus Fleischkäse, Perlzwiebeln, Käsewürfel, Tomatenscheiben usw. spießen.

Schlaraffenland

Kinder ab 6 Jahren haben Freude, wenn wir ihnen eine Getränke- und Eßbar einrichten. Das Motto heißt: Schlaraffenland.

Es ist günstig, wenn dieser Eßtisch möglichst weit vom Spielbereich entfernt steht. Wir stellen verschiedene Körbchen mit Chips, Popcorn, Salzbretzeln und Nüßchen zurecht. In einer Schüssel mit Wasser halten wir geputzte Karotten bereit. Auch ein Teller mit Käse- und Fleischkäsewürfelchen, Radieschen und Gurkenscheiben sollte nicht fehlen. Diese Kleinigkeiten werden mit den Fingern gegessen oder auf Zahnstocher gespießt.

Wir stellen die Getränke bereit: Cola, Apfelsaft oder andere Festgetränke. (Siehe unsere Rezepte.)

Papierbecher und Servietten dürfen nicht fehlen. Die Selbstbedienung klappt in der Regel bestens. Die Kinder wissen genau, wann sie genug haben, und sie schalten dann eine Pause ein.

Zum Abschluß des Geburtstagsfestes versammeln sich die Kinder um einen Tisch, zünden die Kerzen an und essen gemeinsam den Geburtstagskuchen. Im Sommer könnte es auch eine Eistorte sein.

Feine Pizzas und Käseküchlein

Schon vor dem Fest belegen wir Portionenförmchen mit gekauftem Blätter- oder Kuchenteig. Für die geladenen Gäste stehen in der Küche folgende Herrlichkeiten zur Auswahl: geriebener Käse, gewürfelter gekochter Schinken, Pilzchen, Tomaten, Eiersauce. (Für Kinder, die Käse nicht mögen, sind Apfelschnitze vorhanden.) Das gemeinsame Tun in der «Pizzeria» schafft spontanen Kontakt und macht den Kindern Spaß. Die Backzeit überbrücken Sie mit Spielen.

Hot dog

Milchbrötchen oder Brötchen zum Fertigbacken mit einem Apfeldurchstecher aushöhlen und kleine Würstchen hineinstecken, zusammen aufbacken. So werden Brötchen und Würstchen gleichzeitig heiß. Hot dogs sind für Kinder günstig zu essen, weil sie nicht saften.

Spaghettiessen

Geburtstagsfeste müssen nicht immer am Nachmittag stattfinden. Schüler schätzen es, wenn sie ein paar Kameraden zum Mittag- oder Abendessen einladen dürfen. Sie schwelgen im «Spaghettifraß». Als Jux nähen wir ihnen dazu riesengroße, bunte Eßlätze. Mit Stoffarben schreiben wir vor dem Fest die Namen der geladenen Gäste darauf. Sie dienen gleichzeitig als lustige Tischkarten.

Rumpumpels Geburtstag

Volksweise

Kräht der Hahn früh am Ta - ge, kräht laut, kräht weit: Gu - ten
Mor - gen, Rum - pum - pel,* dein Ge - burts - tag ist heut.

* Name des Geburtstagskindes

Steht der Kuchen auf dem Tische,
macht sich dick, macht sich breit:
Guten Morgen Rumpumpel!
Dein Geburtstag ist heut.

Und der Vater und die Mutter,
alle Kinder, alle Leut
schreien: Hoch Rumpumpel!
Sein Geburtstag ist heut.

Wenn ein Kind Geburtstag hat

Text: James Krüss
Melodie: Karl Heinz Taubert

1.—3. Wenn ein Kind Ge - burts - tag hat, gibt es leck - ren Ku - chen,
            wünscht man ihm das Be - ste.
            kriegt es Wein mit Sel - ter.

und wer dar - auf Hun - ger hat, darf ein Stück ver - su - chen.
Und weil es Ge - burts - tag hat, kom - men vie - le Gä - ste.
Und weil es Ge - burts - tag hat, ist es ein Jahr äl - ter.

89

Eßbare Tischkarten

Wir kennen den Spruch: «Ich hab' dich zum Fressen gern!» Unter diesem Motto sind unsere eßbaren Tischkarten entstanden. Es macht Kindern großen Spaß, selber Hand anzulegen und eßbare Tischkarten entstehen zu lassen. Sie verzieren Herzen aus Mürbeteig, legen Blätterteig-Gesichter und garnieren «Amerikaner». Auf Obstkuchen spritzen sie Schlagsahne-Gesichter. Fruchtspieße bekleben sie mit bunten Figuren. Brotscheiben verwandeln sie mit Käse, Tomaten, Eiern, Radieschen und Wurst in lustige Gesichter. Die Schiffchen aus Partybrötchen beflaggen sie mit bemalten Papiersegeln. Aus Wurst und Brot legen sie Männchen. Wer möchte da nicht an dem gedeckten Geburtstagstisch sitzen?

Herzen

Aus Mürbeteig (siehe Rezept) stechen wir Herzformen aus und backen diese. Wir stellen den geladenen Gästen in ausgedienten Eierschachteln (pro Kind eine Schachtel) verschiedenfarbige Sachen zum Garnieren bereit: Liebesperlen, Zuckerblümchen usw. Zudem erhält jedes Kind eine kleine Schale mit Zuckerguß (siehe Puderzucker-Glasurrezept) und einen Pinsel zum «Leimen». Nun kann jedes Kind sein Herz dekorieren, wie es ihm Spaß macht. Wenn die kleinen «Zuckerbäcker» noch etwas Fläche freilassen auf ihrem Gebäck, schreiben wir mit Zuckerguß ihren Namen darauf. Bei Platzmangel schreiben wir nur die Anfangsbuchstaben.

Die eßbaren Tischkarten müssen eine Weile trocknen. Derweil machen wir Spiele mit den Kindern. (Siehe Abbildung und Farbfoto.)

Gekauftes Gebäck – lustig verziert

Falls Sie als Mutter sehr wenig Zeit haben, können die Kinder auch fertiges Gebäck vom Bäcker verzieren. Am besten eignen sich Amerikaner oder Nürnberger Lebkuchen.

Herzen

Blätterteig-Gesichter

Gekauften Blätterteig auswallen, tassengroße Kreise ausstechen. Aus Haselnüssen, Mandeln und Sultaninen legen wir Gesichter auf den Teig. Mit Zucker überstreuen. Auf gut eingefettetem Blech hellbraun backen.

Aus Zeichenpapier schneiden wir Fähnchen, beschriften diese mit den Namen der geladenen Gäste und stecken sie mit Zahnstochern in die Blätterteig-Gesichter.

Die eßbaren Tischkarten werden zum Gedeck gelegt.

Blätterteig-Schmetterlinge

Wir wallen gekauften Blätterteig möglichst dünn aus. Wir bestreuen ihn mit Zucker und rollen ihn zu einer Wurst auf. Diese schneiden wir in ½–1 cm dicke Scheiben und legen sie schmetterlingsförmig auf das gut eingefettete Backblech. (Berührungspunkte mit einem Tropfen Wasser befeuchten.) Jetzt fehlen dem eßbaren Sommervogel nur noch die Fühler. Diese drehen wir aus Teigresten und drücken sie zwischen die Vorderflügel. Im vorgewärmten Ofen bei 220 Grad etwa 10 Minuten backen.

Wir legen die fertigen Schmetterlinge auf die Teller der Geburtstagsgäste und stecken mit Zahnstochern Namensschildchen hinein.

Zu diesen eßbaren Tischkarten schmeckt am besten der «Schnipp-Schnapp-Fruchtsalat»!

Obstkuchen
mit Gesichtern aus Schlagsahne

Wir backen auf einem rechteckigen Backblech einen normalen Obstkuchen (Aprikosen, Äpfel, Zwetschgen usw.).
Nach dem Auskühlen schneiden wir den Kuchen in Quadrate und legen jedem Kind ein Stück auf seinen Teller. Mit Schlagsahne spritzen wir lustige Gesichter auf. Schulkinder machen gerne selbst einen «Spritzversuch»! Kleinere Kinder sind begeisterte Zuschauer, deren «Spritzwünsche» wir selbstverständlich berücksichtigen: Bart, Schnauz, Brille, Locken, Eselsohren... Anschließend werden die Obstkuchen-Schlagsahne-Gesichter umgehend gegessen.

Lustiger Früchtespieß

Diese einfache Tischkartenvariante eignet sich gut für kleine Kinder.
Wir legen neben jedes Gedeck einen Apfel, eine Mandarine oder Orange. Wir stecken senkrecht ein hölzernes Fleischspießchen hinein.
In einem Körbchen haben wir einfache Formen aus Zeichenpapier bereitgestellt:
Katze, Fisch, Blume, Sonne, Männchen, Haus usw. Jeder Neuankömmling wählt sich eine Figur aus und bemalt diese bunt. Mit Filzstift schreiben wir den Namen des Kindes darauf und befestigen das Gemälde am Spießchen.

Lustiger Früchtespieß

Belegte Brote

Wir stellen in der Küche alle Zutaten für die belegten Brote bereit, außerdem Küchenmesser, Holzbrettchen und Papierteller. Jedes Kind legt sich nach Lust und Laune ein bis zwei «Brotgesichter» auf einen Papierteller. Wer legt die grimmigste Fratze, wer den lustigsten Clown? Wer versucht, ein Tier zu legen, etwa einen Fisch, einen Vogel oder ein Löwengesicht?

Zutaten: Wir schneiden rundes und viereckiges Brot in Scheiben.

Als Aufstrich verwenden wir Leberwurst, Mayonnaise oder Streichkäse.

Die Brote belegen wir mit Aufschnitt, Käse, Eier, Dauerwurst, Radieschen, Tomaten, Gurken, Petersilie, Paprikastreifen usw.

Wurst-Brot-Männchen

Wir schneiden runde Brote in Scheiben und bestreichen sie nach Belieben mit Butter oder Mayonnaise. Als Arme und Beine fügen wir kleine, halbierte Würstchen an. Eine Brotscheibe garnieren wir als Kopf: mit Petersilie, Streifen aus sauren Gurken, Tomatenstückchen, Eierrondellen, Perlzwiebeln usw. Auf die Bauch-Brotscheibe schreiben wir mit Tomatenmark aus der Tube den Namen oder die Initialen des Kindes.

Schiffchen aus Partybrötchen

Wir nehmen pro Kind ein Partybrötchen und schneiden mit einem Brotmesser einen Deckel ab. Wir höhlen das Schiffchen sorgfältig aus. Der Schiffsrumpf wird mit Russischem Salat gefüllt. Wir lassen die Kinder bunte Segel zeichnen. Auf die Rückseiten schreiben wir die Namen der Kinder an. Die Segel befestigen wir an Holzstöckchen (Fleischspieße) und stecken sie in die Partybrötchen.

Unsere lustigen Schiffchen sehen als Tischdekoration hübsch auf jedem Kinder-Geburtstagstisch aus.

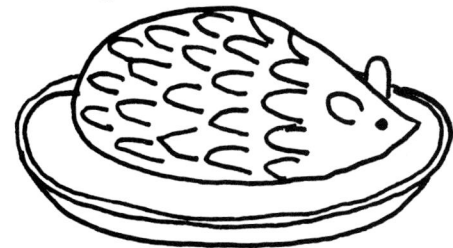
Dessert-Igel

Zum Nachtisch

Wir machen für jedes Kind eine kleine Portion Nachtisch zurecht. Neben dem Geburtstagskuchen ist eine saftige Erfrischung besonders beliebt: ein Dessert-Igel, ein Pudding mit Früchten garniert, ein Fruchtsalat, ein gekauftes Früchtejoghurt oder ein Becher Eis.

Pudding mit Früchten garniert

Dessert-Igel

2 Tassen Wasser oder Apfelsaft 3–4 Eßlöffel Zucker 1 Zitronenscheibe	zusammen aufkochen.
3 Birnen	waschen, schälen, halbieren, im Früchtsirup weichkochen.
	In Portionenschälchen anrichten.
Mandelstifte	Die Birnenrundungen mit Mandelstiften bestecken.
Rosinen	zum Markieren der Augen.

Variante:
Die angerichteten Birnenhälften mit Schokoladencrème übergießen und anschließend mit Mandelstiften bestecken.

Schnipp-Schnapp-Fruchtsalat

Fruchtsalat

Zwischen zwei Bäumen oder quer durch ein Zimmer spannen wir eine Schnur und hängen an etwa 30 cm lange Baumwollfäden Äpfel, Bananen, Orangen, Birnen usw. auf. Einem Kind nach dem anderen verbinden wir die Augen und drücken ihm eine Schere in die Hand. Mit dem Ruf: «Schnipp-Schnapp-Fruchtsalat!» feuern die anderen Kinder den blinden Schneider an.

Die abgeschnittenen Früchte werden gemeinsam zu einem Fruchtsalat verarbeitet. Es macht den Kindern Spaß, Bananen, Äpfel und Birnen usw. in Scheiben und Würfel zu schneiden. Während der Fruchtsalat eine Weile Zuckersaft zieht, machen die Kinder weitere Gesellschaftsspiele.

Spiel und Spaß

Tisch-Spiele

Das Spielprogramm für fünf- bis siebenjährige Kinder sollte möglichst ausgewogen sein. Nach Bewegungsspielen und Spielen zum Austoben sollte ein Tisch-Spiel folgen. Spiele um einen Tisch helfen den Kindern, sich zu beruhigen und zu sammeln. Schokoladenessen, Salz abschneiden und Watteblasen sind wohl so etwas wie Klassiker unter den Geburtstagsspielen. Diese bekannten Spiele werden immer wieder von den Kindern gefordert. Sie sind echte Erfolgsrenner. Für den Veranstalter sind Spiele, die bekannt sind, von Vorteil. Sie müssen nicht lange erklärt werden und vermitteln ein rasches Erfolgserlebnis.

Schokoladenessen

Eine Schokoladentafel wird in Zeitungspapier eingewickelt. Neben das Päckchen legen wir Messer und Gabel, einen Schal und einen Hut auf den Tisch. Die Kinder würfeln. Wer die erste Sechs wirft, darf sich an den Tisch setzen, Hut und Schal anziehen, die Schokolade auspacken und mit Messer und Gabel die Schokolade essen. Sobald ein anderer Spieler die Sechs würfelt, muß der

«Schokoladenesser» seinen Platz räumen und dem Nachfolger Hut und Schal überreichen. «Korrekt angezogen» darf dieser nun mit dem Schokoladenschmaus beginnen. Da man nie weiß, wieviel Zeit man für das Essen hat, ist dieses Spiel ein spannendes Unterfangen...

Pfand einlösen

Bei vielen Spielen müssen die Kinder mit einem Pfand bezahlen. Sie geben zum Beispiel einen Schuh, eine Halskette, ein Taschentuch ab. Wenn genügend Pfänder zusammen sind, werden sie mit einem Tuch bedeckt. Der Spielleiter greift darunter und faßt, unsichtbar für die Mitspieler, ein Pfand an. Er fragt: «Was soll das Pfand in

meiner Hand?» Die Kinder lassen sich lustige Einlösemöglichkeiten für den noch unbekannten Besitzer einfallen, etwa: «Er muß auf einem Bein um den Tisch hüpfen! Er muß ein Schimpfwort zum Fenster hinausschreien! Er muß die WC-Spülung ziehen! Er muß auf einem Stuhl stehend ein Lied singen...»

Wasser-Apfel-Schnappen

Wir füllen zwei große Teigschüsseln mit Wasser und legen je einen Apfel hinein. Wir stellen die Schüssel an den Rand des Gartentisches. Die «Wasser-Apfel-Schnapper» treten paarweise zu diesem feucht-fröhlichen Wettessen an. Sie legen die Hände auf den Rücken und versuchen nur mit Mund und Zähnen den Apfel zu schnappen und ihn anzubeißen. Die große Kunst ist nun, rundherum Biß an Biß zu reihen. Wer zuerst die angebissene Rille schließen kann, hat gewonnen. Bei Regenwetter läßt sich dieses Spiel auch auf einem Brett über der Badewanne durchführen.

Mohrenkopf essen

Jedes Kind erhält einen Mohrenkopf. Es stellt ihn ausgewickelt vor sich auf den Tisch und legt die Hände auf den Rücken. Auf «Los!» versuchen die Naschkatzen mit Lippen und Zähnen die süße Herrlichkeit zu essen. Sieger ist, wer den Mohrenkopf zuerst verschlungen hat.

Watteblasen

Ein runder, glatter Tisch (ohne Tischtuch oder mit Wachstuch bedeckt) eignet sich am besten für das Watteblasen. Alle Spieler sitzen um den Tisch, mindestens sollten es 3–6 sein. In der Mitte des Tisches liegt eine Wattekugel. Auf «Los!» beginnen die Kinder kräftig zu blasen. Jeder versucht, das Wattewölkchen von sich weg zu einem Nachbarn zu blasen. Wer von der Watte berührt wird oder bei wem sie zu Boden fällt, muß ein Pfand geben, oder er scheidet aus. Fällt die Watte zwischen zwei Spieler zu Boden, müssen beide ein Pfand geben.

Salz abschneiden

Tisch mit Wachstuch bedecken. In die Mitte des Tisches einen Hügel Salz aufschütten. In die Bergspitze ein Streichholz einstecken. Die Spieler schneiden der Reihe nach mit dem Messer etwas Salz ab. Der, bei dessen Schnittausführung das Streichholz umfällt, muß es mit den Lippen aus dem Salz herausheben oder ein Pfand abgeben.

Der Hügel wird wieder neu aufgeschüttet und mit einem neuen Streichholz versehen. Das Spiel wird so lange wiederholt, bis genügend Pfänder zusammen sind, um «Pfandeinlösen» zu spielen.

Nüsse hamstern

Alle Spieler erhalten eine Anzahl Hasel- oder Walnüsse, wovon 5–6 Stück auf den Tisch gelegt werden. Im Herbst können wir Kastanien verwenden.

Ein Spieler schließt die Augen. Ein anderer betupft eine Nuß, die sich alle Mitspieler merken. Derjenige, der nicht weiß, welches die betupfte Nuß ist, spielt den Hamster. Er darf nun mit offenen Augen so lange eine nach der anderen Nuß wegnehmen, bis er die betupfte berührt. Dann rufen alle «Halt!» Der Hamster darf die Beute behalten. Die liegengebliebenen Nüsse werden wieder unter alle Mitspieler verteilt. Das Spiel beginnt von vorn.

Wer keine Nüsse mehr setzen kann, hat verspielt. Wer alle Nüsse hat, ist der Gewinner.

Lotterie

Wir brauchen dazu zwei vollständige Skatkartenspiele. Ein Spiel legen wir mit den Bildern nach unten auf den Tisch. Das zweite Spiel verteilen wir gleichmäßig unter die Kinder. Der Spielleiter legt nun auf die Tischkarten kleine Preise wie: Luftballone, Kaugummis, Bleistifte, Bonbons usw. Er läßt beim ersten Durchgang viele Nieten frei (Karten ohne Preise). Jetzt deckt er immer wieder eine Karte auf. Wer dieselbe Karte in der Hand hält, ruft: «Stopp, die gehört mir!»

Er darf sie mitsamt dem Preis haben, wenn einer darauf liegt. Hat er eine Niete gezogen, geht er leer aus. Das Spiel wird zwei bis drei Mal durchgespielt. Dabei achtet der Spielleiter darauf, daß möglichst alle Kinder etwa gleich viele Preise bekommen.

Fischlein in den Teich

Wir machen mit einer Schnur eine Schlinge, die sich leicht zusammenziehen läßt. Wir legen die Schlinge geöffnet als Teich auf den Tisch. Ein Spieler ist der Fischer, die Mitspieler sind die Fische. Der Fischer ruft: «Fischlein in den Teich!» Alle Mitspieler strecken einen Zeigefinger in den Teich. Jetzt zieht der Fischer schnell an der Schnur. Mit einem geschickten Ruck kann er gewöhnlich einen oder zwei Finger festhalten. Die gefangenen Fische müssen ein Pfand bezahlen. Der letzte Fisch wird Fischer.

Das Spiel kann beliebig oft wiederholt werden, bis genügend Pfänder zusammen sind, um «Pfandeinlösen» spielen zu können.

Burgraub

Ein kleines Geschenk wird in die Tischmitte gelegt. Rundherum legen wir viele Streichhölzer (etwa zehn pro Mitspieler). Wir lassen einen Würfel reihum zirkulieren. Jeder Spieler darf so viele Streichhölzchen aus der Burg rauben, wie er Augen gewürfelt hat. Wir spielen so lange weiter, bis die ganze Streichholzburg abgebaut ist. Der Schatz gebührt dem Räuber, der die meisten Zündhölzer gewürfelt hat.

Rosinen-Spiel

Wir belegen einen flachen Teller mit Rosinen. Bis auf die Mutter verlassen alle Mitspieler den Raum. Sie bestimmt eine Rosine, die «verzaubert» ist und nicht angefaßt werden darf.

Die Mutter ruft ein Kind herein. Dieses darf nun Rosine um Rosine wegnehmen und essen, bis es die verzauberte Rosine berührt. Wenn es diese Rosine wegnehmen will, ruft die Mutter: «Halt!» Gemeinsam füllen sie den Teller wieder auf. Jetzt darf das Kind eine Rosine antippen und verzaubern. Der zweite Spieler wird hereingerufen. Zusammen mit der Mutter achtet das erste Kind darauf, daß der nächste Spieler nicht die neu verzauberte Rosine wegnimmt. Das Spiel wird so lange fortgeführt, bis jeder Spieler eine verzauberte Rosine gefunden hat. Die Mitspieler schauen gespannt zu, aber Sprechen ist verboten.

Das Spiel kann auch mit Bonbons, Zuckereiern, Smarties oder Kaugummi gespielt werden. Selbstverständlich werden die großen Gegenstände nicht alle in den Mund gesteckt, sondern gesammelt.

Zeitungsspiele

Zeitungspapier ist ein billiges Spielmaterial, das in jedem Haushalt in beliebigen Mengen griffbereit liegt. Es fordert die Kinder zu lustvollem, variantenreichem Spiel auf.

Schlangenreißen

Alle Kinder erhalten einen offenen Doppelbogen Zeitungspapier. Jeder Spieler versucht nun eine möglichst lange Zeitungsschlange aus einem Stück zu reißen. Das Schlangenreißen erfordert Fingerspitzengefühl und Sorgfalt. Man beginnt außen zu reißen und arbeitet sich schneckenförmig zur Mitte vor. Wer reißt die längste Schlange?

Zeitungsballwerfen

Wir knüllen aus einem Doppelbogen Zeitungspapier einen Ball zusammen. Jedes Kind sollte sechs Bälle haben. Wir versuchen nun, die Bälle in einen Papierkorb zu werfen. Der Schwierigkeitsgrad kann durch die Entfernung der Wurfweite und die Größe des Papierkorbes dem Alter der Kinder angepaßt werden. Kleine bekommen bei jedem Treffer einen Preis, bei größeren Kindern ist Sieger, wer bei einem Durchgang die meisten Bälle in den Papierkorb werfen kann. Besonders attraktiv und lustig wird das Spiel, wenn wir auf einen großen Pappkarton ein Gesicht mit offenem Maul aufmalen. Die Mundöffnung wird ausgeschnitten. Nun versuchen die Zeitungsballwerfer, ihre Geschosse in den Schlund zu werfen. Hier kann der Schwierigkeitsgrad des Spiels durch die Standhöhe des Schachtelkopfes gesteigert werden: Tisch, Stuhl, Boden usw.

Zeitungslauf

Wir bestimmen die Laufbahn quer durch den Garten von Busch zu Busch etwa, oder quer durch das Zimmer, vom Schrank zum Sofa. Es starten immer zwei und zwei Läufer. Die Wettläufer halten je zwei zusammengefaltete Zeitungen in den Händen. Auf «Los!» legen sie die erste Zeitung vor den rechten Fuß, stehen darauf, legen die zweite Zeitung vor die erste, setzen den linken Fuß darauf.

Nun heben sie die erste Zeitung wieder auf und legen diese vorne dran usw. Man darf bei diesem Zeitungsrennen jeweils nur auf einer Zeitung stehen. Verboten ist, zwei Füße auf einer Zeitung zu haben oder gleichzeitig zwei Füße auf zwei Zeitungen.

Wer schafft es, das Ziel als Erster zu erreichen?

Fischjagd

Jeder Spieler reißt aus Zeitungspapier einen etwa 30 cm langen Fisch. Zwei bis drei Fische werden mit je 1 m Abstand auf den Boden gelegt. Die Spieler versuchen nun, auf «Los!» ihren Fisch mit einer zusammengefalteten Zeitung ins Ziel zu treiben. Sie schlagen und klatschen mit der Zeitung mehrmals rasch hintereinander auf den Boden. Der Fisch wird durch den Luftdruck vorwärts getrieben. Wer zuerst die festgelegte Linie erreicht, ist Sieger.

Geschicklichkeitsspiele

Am Ende der Kindergartenzeit werden Geschicklichkeitsspiele aktuell. Die Kinder messen gerne ihre motorischen Fähigkeiten. Es gilt jeweils, in möglichst kurzer Zeit eine kitzlige Bewegungsaufgabe zu lösen, mit dem Mund, der Nase, den Händen oder den Füßen.

Fadenwettessen

Selbstverständlich wird bei dieser Geschicklichkeitswette der Faden nicht «gegessen», sondern nur um die Zunge gewickelt. Wir binden an das Ende eines meterlangen Baumwollfadens ein Stück Würfelzucker oder einen Bonbon. Auf «Los!» versuchen zwei bis vier Spieler, ihren Faden «aufzuessen» ohne Zuhilfenahme der Hände. Wer sich zuerst mit dem Mund dem Faden entlang bis zum Würfelzucker oder Bonbon vorarbeiten kann, hat gewonnen. Vorsicht, beim Kichern fällt der Faden mit dem angebundenen Gegenstand gerne wieder aus dem Mund ...

Brezel von der Schnur

Wir ziehen Salzbrezeln auf eine Schnur und spannen sie quer durchs Zimmer oder im Freien von Baum zu Baum. Die Schnur wird so hoch angebracht, daß die Kinder sie springend mit dem Mund erreichen können. Die Hände dürfen dabei nicht zu Hilfe genommen werden. Wer einen Bissen erwischt, darf sich den Rest der Brezel abbrechen.

Zur Kirschenzeit läßt sich dieses Spiel auch mit darübergehängten Kirschen spielen.

Achtung: Die Springer sollten sich vor dem Kirschenschnappen ein altes Herrenhemd zum Schutz vor Spritzern überziehen!

Trinkhalm-Seidenpapier-Stafette

Wir bilden zwei gleichgroße Gruppen. Jede stellt sich in eine Reihe auf. Der Abstand von Kind zu Kind sollte etwa einen halben Meter betragen. Jeder Spieler bekommt einen Trinkhalm. Den beiden Vordersten der Reihe drücken wir noch ein Stückchen Seidenpapier in die Hand. Auf das Startzeichen des Spielleiters: «Achtung, fertig, los!» saugen sie mit dem Trinkhalm das Seidenpapier an und reichen es ohne Hilfe der Hände zum Nachbarn. Dieser muß nun das Papierchen mit seinem Trinkhalm ansaugen und auf dieselbe Art seinem Nachbarn weiterreichen. Fällt das Seidenpapier zu Boden, beginnt das Spiel in dieser Reihe von vorn.
Sieger ist die Mannschaft, bei der das Seidenpapier mit Hilfe der Trinkhalme zuerst beim letzten Spieler angelangt ist.

Autorennen

Drei bis vier Kinder stehen nebeneinander im Ziel. Sie halten einen Bleistift oder eine WC-Rolle in der Hand. Daran ist ein 3–4 m langer, starker Baumwollfaden festgeknüpft. Am Ende des Fadens sind kleine Spielautos angebunden. Sie stehen etwa 50 cm auseinander im Ziel. Auf «Los!» startet das Autorennen. Die Kinder wickeln ihre Fäden um die Wette auf. Sieger ist das Auto, welches als erstes über die ausgemachte Ziellinie fährt.
Achtung: Kleineren Kindern immer eine WC-Rolle zum Wickeln geben! Das Aufwickeln des Fadens über den Bleistift erfordert schon sehr viel Geschicklichkeit.

Erbsen-Wurst-Spiel

Alle Gäste (Schulkinder) stellen sich hinter dem Geburtstagskind in einer Reihe auf. Jeder Mitspieler bekommt einen Teelöffel. Die Kinder halten mit dem Mund den Teelöffel am Stiel fest. Das Geburtstagskind eröffnet das «Erbsen-Wurst-Spiel.» Es legt eine Erbse in seinen Teelöffel und läßt diese nun langsam, durch Neigen des Kopfes, auf den Löffel des nächsten Kindes kullern. So wandert die Erbse von Löffel zu Löffel. Das letzte Kind der «Wurst» läuft mit der Erbse auf dem Löffel an den Anfang, das Spiel beginnt von neuem. Jeder Spieler, der die Erbse fallen läßt, scheidet aus. «Erbsen-Wurst-Sieger» ist, wer zuletzt übrigbleibt.

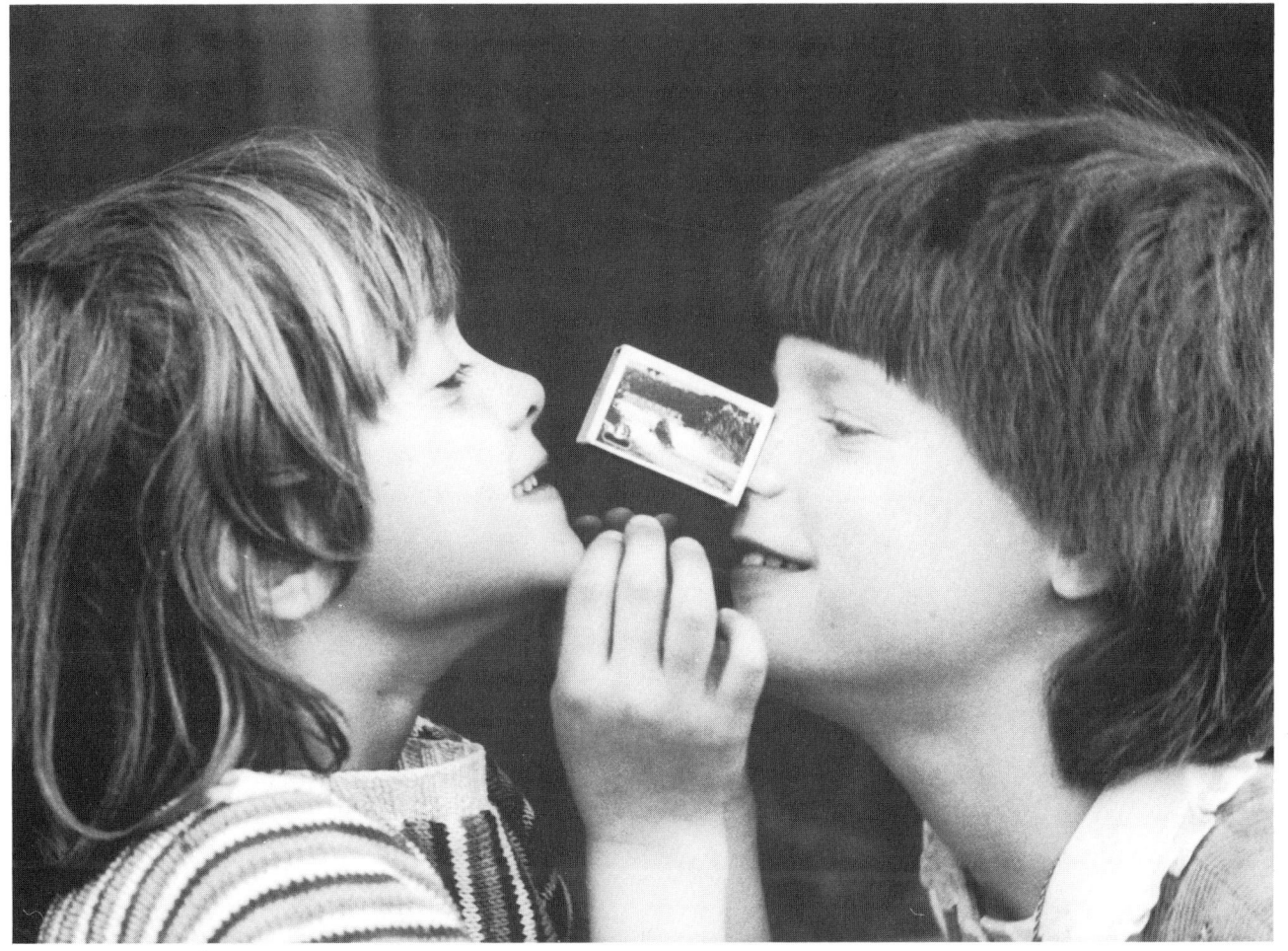

Streichholzschachtel-Stafette

Zwei Gruppen stehen in einer Reihe. Die vordersten Mitspieler bekommen die Hülle einer Streichholzschachtel auf die Nase gesteckt und versuchen, sie ihrem Nachbarn in der Reihe weiterzugeben, ohne die Hände zu gebrauchen.

Gewonnen hat die Gruppe, deren Streich-holzschachtel zuerst beim letzten Spieler ankommt. Wer die Schachtel fallen läßt, muß sich an die Spitze der Reihe stellen, und das Spiel beginnt von vorn.

Diese Stafette kann auch mit Orangen oder Äpfeln gespielt werden. Die runden Früchte «transportieren» wir nicht von Nase zu Nase, sondern von Stirn zu Stirn.

Eselschwanz-Spiel

Wir binden den Kindern eine Schnur als
Eselschwanz um den Bauch. Am Schwanz-
ende knüpfen wir einen Bleistift fest. Alle
«Esel» stellen sich in Grätschstellung im
Kreis auf, Blickrichtung nach innen.
Der Spielleiter stellt hinter jeden «Esel» eine
Flasche auf den Boden. Auf den Ruf des
Spielleiters: «Eselschwanz in die Flasche!»
versucht jeder Spieler, den Bleistift an seiner
Schnur, ohne Zuhilfenahme der Hände, in
den Flaschenhals einzutauchen. Wem ge-
lingt es zuerst?

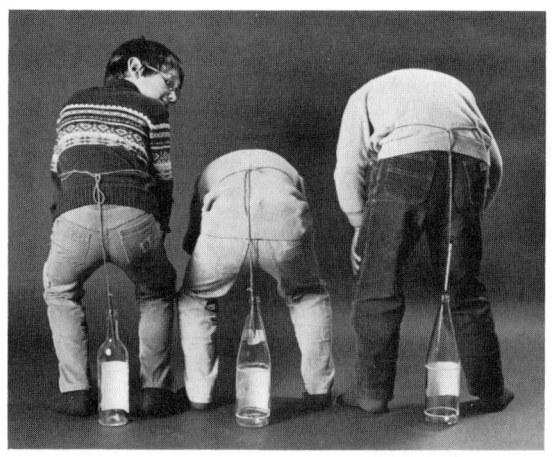

Eselschwanz-Spiel-Variante

Bei diesem Eselschwanzspiel knüpfen wir an
Stelle des Bleistiftes eine Kartoffel am Ende
der Schnur fest. Zwei und zwei Kinder versuchen, durch Schaukeln der Kartoffel zwischen den Beinen, ein Stück Würfelzucker,
das auf dem Boden liegt, über eine bestimmte Strecke zu bewegen. Sieger ist, wer mit
seinem Würfelzucker das Ziel als Erster erreicht.
Diese «Eselschwanz-Spiel-Variante» läßt
sich nur auf einem harten, glatten Bodenbe-
lag durchführen.

106

Popcorn-Fangen

Wir legen ein altes Leintuch auf den Rasen, stellen ein Backblech in die Mitte und einen Camping-Gas-Kocher darauf. In eine Bratpfanne geben wir etwas Öl und eine Handvoll Maiskörner. Die Kinder versuchen vom Leintuch aus, mit selbstgemachten Papiertüten, die herausfliegenden Pop-Körner zu fangen. Wer hat die schnellste Reaktion? Wer erwischt die meisten? Am Schluß dürfen die Popcorn-Jäger das Leintuch ratzekahl plündern.

Achtung: Popcorn-Fangen darf nur im Beisein von Erwachsenen gespielt werden, es besteht Brandgefahr! Die Fänger sollten alle langärmlige Kleider tragen, als Schutz vor den heißen Körnern.

Wir können mit dem selbsthergestellten Popcorn anschließend auch «Verkaufen» spielen oder es in Tüten abgefüllt als Preise anbieten.

Fischen

Wir packen kleine Geschenke so ein, daß die Schlaufen der Verpackungsschnur sich günstig zum Fischen eignen. Als ungefährliche Fischerruten verwenden wir Haushaltspapierrollen mit angebundener Schnur samt Hakenschraube als Angelhaken. Als Fischteich dient ein Papierkorb oder ein großer Karton.

Mumien wickeln

Mumien wickeln ist ein Dauerbrenner. Kinder, die dieses Spiel kennen, wünschen es sich über mehrere Jahre immer wieder fürs Geburtstagsfest. So wird es gespielt: Die Kinder verteilen sich pärchenweise im Raum. Die werdende Mumie steht bocksteif da, die Arme an den Körper gepreßt. Der Mumienwickler versucht, seinen Partner von den Füßen an aufwärts in WC-Papier einzuwickeln. Die Kunst ist, daß das Papier nicht reißt und nicht hinunterrutscht. Die fertige Mumie muß von Kopf bis Fuß mit Papier bedeckt sein.

Das Schönste am Ganzen ist das «Sprengen» der Mumienhülle! Keine Angst, die Unordnung sieht größer aus, als sie ist. Die Kinder sind nach dem Riesenspaß auch gerne bereit, die abgefallenen Hüllen in Windeseile aufzusammeln und in den Papierkorb zu werfen.

Blindekuh-Spiele

Blindekuh-Spiele können drinnen und draußen gespielt werden. Sie eignen sich für Kindergartenkinder und Schüler. Kleinere Kinder fürchten sich, wenn ihnen die Augen verbunden werden. Unsere Vorschläge eignen sich für Kindergruppen von sechs und mehr Spielern. Mehr als zwei Blindekuh-Spiele sollten nicht auf dem Programm eines Geburtstagsfestes stehen.

Topfschlagen

Wir verbinden einem Kind mit einem großen Baumwolltuch die Augen. Jetzt stellen wir einen Topf (oder eine Waschmitteltrommel) mitten auf den Spielplatz oder ins Zimmer. Darunter verstecken wir einen Mohrenkopf oder eine andere Süßigkeit. Wir drücken nun der Blindenkuh einen Kochlöffel in die Hand und drehen sie ein paarmal um die eigene Achse. Sie muß versuchen, den Topf mit dem Kochlöffel zu treffen und umzukippen. Gelingt es ihr, so darf sie die unter dem Topf versteckte süße Belohnung behalten, die sie blind ertastet hat.

Blinder Dirigent

Mit einem Taktstock ausgerüstet steht der Dirigent mit verbundenen Augen in der Mitte eines Kreises. Die Kinder ziehen singend um ihn herum, einmal links herum, einmal rechts herum. Der Dirigent gibt den Richtungswechsel an. Wenn er seinen Stock in die Luft streckt, bleibt der Kreis stehen. Der Dirigent berührt mit seinem Taktstock ein Kind. Dieses muß mit verstellter Stimme ein Lied singen. Dreimal darf der Dirigent raten, wer der Sänger ist. Errät er den richtigen Namen, wird er von diesem Kind abgelöst. Errät er ihn nicht, muß er noch eine Spielrunde im Kreis verbleiben.

Mohrenkopf füttern

Zwei Kinder sitzen sich auf Stühlen gegenüber. Wir legen ihnen eine Serviette um und binden ihnen mit einem großen Baumwolltuch die Augen zu. Jeder Spieler bekommt einen Mohrenkopf in die Hand. Die beiden «Blinden» versuchen sich nun gegenseitig zu füttern. Es ist gar nicht so einfach, blind den Mund des anderen zu treffen und den Mohrenkopf verzehren zu lassen. Sieger ist, wer die Süßigkeit zuerst aufgegessen hat.

«Hänschen piep einmal!»

Die Blindekuh steht in der Mitte, die anderen Kinder gehen im Kreis um sie herum und sagen im Takt dazu:
«Hinter Herren Hansens Haus
hangen hundert Herrenhemden auf.»
Auf das letzte Wort des Sprüchleins lassen sich die Kinder in die Hocke fallen. Die Blindekuh ertastet einen «Stuhl» und setzt sich auf diese wackelige Unterlage. Sie bittet das Kind: «Hänschen piep einmal!» Das «Stuhl-Kind» muß nun mit verstellter Stimme «Piep» sagen. Kann die Blindekuh erraten, wer es ist, wird dieses Kind in der nächsten Runde zur Blindekuh. Die Blindekuh darf höchstens drei Stühle ausprobieren. Wenn sie keinen Namen richtig rät, bleibt sie in der nächsten Runde Blindekuh.

Wettspiele im Freien

Größere Kinder finden es lustig, sich im Wettkampf mit anderen zu messen. Beim Wettspielen im Freien können sie überschüssige Energie ablassen, und sie sind nachher auch für ruhigere Spiele zu haben. Die Freude am Spiel soll im Mittelpunkt stehen. Der Spielleiter achtet darauf, daß alle Kinder einmal siegen!

Dreibein-Wettrennen

Die Kinder stellen sich pärchenweise auf. Wir binden ihnen mit einem großen Baumwolltuch die Beine so zusammen, daß ein «Dreibein» entsteht. Auf «Los!» humpeln die «Dreibein-Pärchen» um die Wette zum vorbestimmten Ziel. Die Sieger dürfen sich einen Preis auswählen. Der Rest muß sich mit einem Trostpreis begnügen.

Froschlauf

Drei Kinder ziehen sich je ein Paar Schwimmflossen an und stellen sich nebeneinander auf. Der Spielleiter hat vorher Hindernisse aufgestellt: Über einen Stuhl klettern, unter einem Tisch durchschlüpfen, einem Besenstiel entlang balancieren, Slalomstrecke um aufgestellte Büchsen usw. Als Startzeichen benutzen wir eine Glocke, Pfeife, Trommel oder ein Backblech. Die Frösche spurten los und laufen die Strecke mit den Hindernissen ab.
Lautes Quaken dabei ist Ehrensache! Der Sieger darf einen Preis auswählen, die beiden anderen bekommen einen Trostpreis.
Der Froschlauf kann eventuell auch im Haus gespielt werden.

Dosenstelzen-Wettlauf

Wir schlagen mit einem Nagel Löcher in die Konservendosen, und zwar auf zwei gegenüberliegenden Seiten, unterhalb des geschlossenen Bodens. Wir ziehen eine Schnurschlaufe ein, so lang, daß die Kinder sie mit gestreckten Armen gut halten können. Zwei und zwei Kinder starten gemeinsam zum Dosenstelzenlauf.

Sackhüpfen

Zwei Wettläufer stecken in Säcken, die unter den Armen zugebunden sind. Sie hüpfen um die Wette bis zum vorbestimmten Ziel. Variante: Bei großen Kindern kann das Sackhüpfen erschwert werden, indem man den Sack über den Armen zubindet.

Kartoffelwettlauf

Jedes Kind bekommt einen Suppenlöffel mit einer Kartoffel darauf in die Hand. Auf «Achtung, fertig, los!» laufen alle zur Ziellinie. Wem die Kartoffel herunterfällt, der scheidet aus.

Variante: Das Spiel kann erschwert werden, indem die Kinder den Löffel mit dem Mund zu tragen versuchen. (Bei diesem Spiel dürfen die Kinder wegen der Unfallgefahr nur gehen und nicht rennen!)

Pyramidenwerfen

Wir bauen mit leeren Konservendosen eine Pyramide auf. Die Dosen sehen besonders hübsch aus, wenn wir sie vorher bunt bekleben oder bemalen. Jedes Kind darf nacheinander drei Bälle werfen. Wer die meisten Dosen mit einem Wurf umschießt, hat gewonnen.

113

Wasserflaschen-Ballspiel

Für dieses nasse Wettspiel, das wir an heißen Tagen im Sommer draußen spielen, brauchen wir zwei Plastikflaschen (leere Mineral- oder Essigplastikflaschen). Die füllen wir mit Wasser. Der Verschluß bleibt offen. Außerdem brauchen wir einen großen Ball.

Zwei Kinder stehen sich in etwa fünf Meter Abstand gegenüber, vor sich die gefüllte Plastikflasche. Auf «Los!» wirft ihnen der Spielleiter den Ball zu. Die beiden Kinder versuchen nun, gegenseitig mit dem Ball die Wasserflasche des anderen umzustoßen. Es darf mit der Hand geworfen und mit dem Fuß gekickt werden! Das «Flaschenopfer» rennt dem Ball nach und holt ihn so rasch wie möglich zu seiner Flasche zurück. Während der Ballsuchaktion hält der Gegner die umgekippte Flasche in die Luft, Öffnung nach unten. Er freut sich natürlich, wenn während dieser Zeit möglichst viel Wasser ausläuft. Hat das Flaschenopfer den Ball zurückgebracht, wird die Flasche wieder aufgestellt, und das Spiel geht weiter. Wer zuerst kein Wasser mehr in seiner Flasche hat, ist Verlierer. Dieses Spiel macht besonders kräftigen, wilden Schulkindern Freude.

Wassertragen

Dieses Wettspiel wird an heißen Sommertagen draußen gespielt. Wir teilen die Kinder in zwei Gruppen. Jede Gruppe bildet eine Reihe. Vor dem ersten Spieler steht ein leerer Plastikeimer auf dem Boden. In einiger Entfernung wurde für jede Gruppe ein Kübel mit gleichviel Wasser hingestellt. Auf «Los!» müssen die «Wasserträger» der Reihe nach mit einem oder zwei Joghurtbechern Wasser holen. Es sollte beim Laufen möglichst wenig Wasser verschüttet werden. Am Schluß ist die Gruppe Sieger, die in der kürzesten Zeit am meisten Wasser ans Ziel transportieren konnte.

Zaubertricks

Selber zaubern macht vor allem Schulkindern Spaß. Kindergartenkinder sind dankbare Zuschauer. Schöne, prächtige Requisiten sind wichtig: z. B. der Hochzeitshut des Großvaters, ein silberner Stab (mit Alufolie überzogen), eine Glocke, ein wallender Umhang, eventuell ein Bart. Ein Gehilfe oder ein Zauberlehrling kann dem Zauberer von großem Nutzen sein. Manche Zaubertricks lassen sich nur zu zweit ausführen. Einige

Proben im voraus sind für das gute Gelingen der Zaubervorstellung sehr zu empfehlen. Verschwiegenheit ist Ehrensache! Es empfiehlt sich auch, alle nötigen Requisiten in einem Nebenzimmer vorher zurechtzustellen, den Zaubertisch mit einem weißen Tischtuch zu schmücken und für eine dezente Beleuchtung zu sorgen. Die Zaubereinlage hat eine beruhigende und konzentrierende Wirkung auf die Zuschauer. Die Zaubervorstellung sollte auf keinen Fall länger als 20 Minuten dauern. Sie eignet sich als Abschluß oder beruhigende Einlage.

Das schwebende Wasser

Für diesen Zaubertrick braucht der Zauberer ein Trinkglas, etwas Wasser und eine Postkarte oder ein Stück Papier im Postkartenformat. Er macht eine Verbeugung und füllt das Glas bis zur Hälfte mit Wasser. Nun bedeckt er das Glas mit der Karte, fährt mit dem Zauberstab darüber und sagt geheimnisvoll: «Simsalabim!» Jetzt legt er die eine Handfläche über das Papier auf dem Glas. Mit der andern Hand faßt er das Glas und dreht das Ganze um. Nun hält der Zauberer das Glas fest und zieht die Hand vom Papier weg. O Wunder, der Zauber wirkt! Er kann gemächlich durchs Zimmer schreiten, ohne daß ein Tropfen Wasser ausfließt. (Zu beachten ist nur, daß das Glas senkrecht gehalten wird.) Auf: «Simsalabim!» fährt er mit der andern Hand wieder unter das Glas mit der Karte, drückt seine Handfläche dagegen und dreht das Wasserglas in die Ausgangslage zurück.

Der unzerplatzbare Ballon

Der Zauberer klebt auf einen aufgeblasenen Ballon ein Stück durchsichtigen Klebstreifen. (Natürlich vor der Vorstellung!) Mit einer Stecknadel sticht er nun in den Ballon (genau an der Stelle des Klebestreifens). Zum großen Staunen der Zuschauer bleibt der Ballon trotz Einstich ganz!

Zauberei mit Ballon

Der Zauberer reibt einen aufgeblasenen Ballon mit einem Wollappen. Auf: «Abrakadabra, zu Berg stehn deine Haar'!» fährt er einem nach vorn gerufenen Gast über die Haare. Und siehe da, dessen Haare stehen zu Berge! Der Zauberballon klebt nach dieser Behandlung auch an den Händen... «Abrakadabra, er klebt an der Hand!»

Das Papierring-Wunder 1

Der Zauberer schneidet einen 3 cm breiten und etwa 50 cm langen Papierstreifen und klebt ihn zu einem Ring zusammen. (Achtung, vor dem Zusammenkleben wird der Streifen einmal in sich gedreht!) Nun schneidet er den Ring der Länge nach mit einer Schere auseinander. Was geschieht? Hält er zwei Ringe in der Hand? O nein, der Zauberring ist doppelt so groß geworden!

Der Zauberer schneidet den Papierring nochmals der Länge nach entzwei und hat jetzt zwei ineinanderhängende, kleine Ringe! Wer das Papierring-Wunder nicht glaubt, soll die Zauberei doch selber ausprobieren!

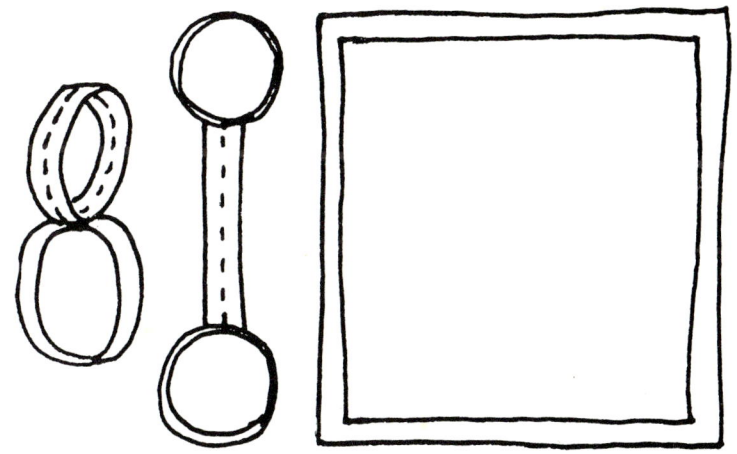

Das Papierring-Wunder 2

Der Zauberer schneidet zwei Papierstreifen von 3 × 30 cm zu. Er klebt jeden einzeln zu einem Ring zusammen. Die Ringe wie zwei Kettenglieder aneinanderkleben. Der Zauberer schneidet nun die zwei Ringe der Länge nach entzwei. Was entsteht? Nicht vier Ringe, wie die meisten Zuschauer raten, sondern erstaunlicherweise ein Quadrat! Viel Glück beim Vorführen dieses verblüffenden Zaubertricks!

Durch die Postkarte schlüpfen

Wer den Trick nicht kennt, wird bezweifeln, daß der Zauberer seine Behauptung wahr machen kann, durch diese Postkarte zu schlüpfen! Der Zauberer faltet die Postkarte in der Mitte zusammen und schneidet sie ein, wie die Abbildung zeigt: Abwechslungsweise ein Schnitt von der Bruchkante zum Rand und ein Schnitt vom Rand zur Bruchkante. Aber Vorsicht, niemals ganz durchschneiden! Zuletzt wird die Bruchkante vom ersten bis zum letzten Einschnitt aufgeschnitten. (Siehe die punktierten Linien auf der Abbildung!) Durch diese Schnittechnik hat sich die Postkarte in einen weiten Ring verwandelt. Der Zauberer kann nun vorsichtig durchsteigen! Er kann zum großen Staunen der Zuschauer sein Versprechen wirklich einlösen.

Die Schwarze Kunst

Der Zauberer und sein Lehrling erklären, sie verstünden die Schwarze Kunst. Während der Lehrling draußen wartet, einigen sich die anderen Geburtstagsgäste auf einen Gegenstand im Zimmer, der erraten werden soll, z. B. der Blumenstrauß. Nun wird der Lehrling vom Zauberer hereingerufen. Er zählt ihm alle möglichen Gegenstände auf: «Ist es der Schrank?» – «Nein.» – «Die Lampe?» – «Nein.» – «Das Radio?» (Das Radio ist in diesem Falle schwarz. Darum weiß der Gehilfe, daß es der nächste Gegenstand sein wird). «Ist es der Blumenstrauß?» – «Ja!»
Das ist das simple Geheimnis der Schwarzen Kunst!

Fragen ungelesen beantworten

Der Zauberer verteilt im Publikum weiße Zettel mit der Aufforderung, Fragen daraufzuschreiben. Schüler machen begeistert mit. Die beschriebenen Zettel werden zusammengefaltet wieder eingesammelt. Der Zauberer nimmt nun den ersten, noch ungeöffneten Zettel in die Hand und gibt eine passende Antwort, ehe er die Frage gelesen hat. Jetzt öffnet er den Zettel und liest die gestellte Frage vor, dann kommt der zweite Zettel an die Reihe usw. Zum Erstaunen des Publikums beantwortet der Zauberer alle Fragen richtig, bevor er sie gelesen hat.
Erklärung: Die erste Frage stammt nicht aus dem Publikum, sie ist vom Zauberer selber erdacht, aber nicht aufgeschrieben worden. Während er nun den ersten Zettel öffnet, liest er angeblich die Frage vor, die darauf steht, sagt aber in Wirklichkeit seine eigene Frage aus dem Gedächtnis. Gleichzeitig liest er heimlich die wirkliche Frage auf dem Zettel. So fällt es ihm natürlich leicht, die Frage im voraus zu beantworten. Die Wirkung ist verblüffend, wenn er seine Sache überzeugend spielt.

Musik-Spiele

Musik und Tanz gehören zu jedem Fest. Sie geben einem Geburtstag die festliche Note und sind Ausdruck von Freude und Vitalität. Musik und Bewegung vermitteln den Kindern ein besonders starkes Gruppenerlebnis. Kreisspiele und Kindertänze eignen sich besonders gut. Sie finden hier Anregungen und lustige Beispiele zum Thema «Lieder und Tänze».

Zu Musikspielen kann der Spielleiter selber ein Instrument spielen: Mundharmonika, Flöte, Gitarre, Handorgel usw. Ist kein Instrument vorhanden, kann er den Plattenspieler oder ein Tonband einsetzen. Das An- und Ausschalten der Musik sollte den Kindern verborgen bleiben.

Sesseltanz

Zu diesem Spiel brauchen wir einen Stuhl weniger, als Spieler vorhanden sind. Wir stellen die Stühle in zwei Reihen, Rücken gegen Rücken. Zur Musik gehen die Spieler alle in derselben Richtung um die Stühle herum. Sobald die Musik stoppt, versuchen alle, einen Stuhl zu erwischen. Wer ohne Stuhl ist, scheidet aus. Nach jeder Spielrunde wird ein Stuhl entfernt. Das Spiel wird so lange weitergespielt, bis nur noch zwei Spieler übrig sind. Zwischen den beiden letzten Spielern entscheidet sich, wer siegt.

Aramsamsam

Volksweise

A – ram sam sam, a – ram sam sam, gu – li
gu – li gu – li gu – li gu – li ram sam sam, a –
ram sam sam. A – ra – fi, a – ra – fi gu – li
gu – li gu – li gu – li gu – li ram sam sam, a – ram sam sam. A –

Alle Mitspieler knien im Kreis.

Auf: «A»	strecken wir den linken Arm nach vorn, mit der Handfläche nach oben.
Auf: «ram»	legen wir die rechte Hand auf das linke Handgelenk.
Auf: «sam»	legen wir die rechte Hand in die linke Ellenbeuge.
Auf: «sam»	berührt die linke Hand den rechten Ellenbogen (die Arme sind verschränkt).

Beim zweiten:	«a – ram sam sam» werden die gleichen Bewegungen wiederholt.
Auf: «guli»	kreisen wir die Hände um die Unterarme.
Auf: «ram»	mit der rechten Hand, auf dem ausgestreckten linken Arm, das Handgelenk berühren.
Auf: «sam»	legen wir die rechte Hand in die linke Ellenbeuge.
Auf: «sam»	berührt die linke Hand den rechten Ellenbogen (die Hände sind verschränkt).

Bei der gesungenen Wiederholung des Liedes werden alle Bewegungen in derselben Reihenfolge nochmals ausgeführt.

Auf: «A»	beide Hände zum Himmel strecken.
Auf: «rafi»	mit gestreckten Armen und dem Oberkörper bis zur Erde verneigen.
Auf: «A»	beide Hände zum Himmel strecken.
Auf: «rafi»	sich mit gestreckten Armen und dem Oberkörper bis zur Erde verneigen.
Auf: «guli»	kreisen wir die Hände um die Unterarme.
Auf: «ram»	legen wir die rechte Hand auf das linke Handgelenk.
Auf: «sam»	legen wir die rechte Hand in die linke Ellenbeuge.
Auf: «sam»	berührt die linke Hand den rechten Ellenbogen (die Arme sind verschränkt).

Bei der gesungenen Wiederholung des Liedes werden alle Bewegungen in derselben Reihenfolge nochmals ausgeführt. Das Lied kann beliebig lang fortgesetzt werden.

Negertanz

Jedes Kind schneidet vier bis sechs gefaltete Doppelbögen Zeitungspapier in Streifen. Vorsicht bei der Bruchkante, nur bis zum weißen Rand einschneiden! Sonst fällt das Streifenröcklein auseinander. Die einzelnen Zeitungsteile heften wir den Kindern mit Klebstreifen um die Taille. Die «Baströcklein» lassen sich nicht ausziehen. Sie dienen als raschelnder Schmuck für den Negertanz.

Auch Hand- und Fußgelenke können wir auf diese Weise schmücken.

Jetzt brauchen unsere «Wilden» nur noch ein paar Farbtupfer im Gesicht und einfache Lärminstrumente: Dosen als Trommeln, mit Steinchen und Knöpfen gefüllte Schachteln zum Rasseln, Tschinellen aus Pfannendeckeln usw. Raschelnd, singend, stampfend und musizierend ziehen sie im Gänsemarsch durch Haus und Garten. Mit einem frei improvisierten Negertanz im Kreis schließen wir diesen imposanten Umzug ab. Als Höhepunkt reißen sich die «Wilden» ihre Zeitungsröcklein vom Leib und stampfen einen rhythmischen Vers auf ihrem Zeitungshaufen ...

Unser Negertanz eignet sich für fünf bis acht lebhafte Kinder im Kindergarten- oder Grundschulalter.

Lieder erraten

Die Kinder sitzen einander in zwei Gruppen gegenüber. Die Mutter summt, pfeift oder spielt auf einem Instrument einen Liedanfang. Es sollten möglichst Lieder sein, die den anwesenden Kindern bekannt sind.

Wer die Melodie erkennt, ruft sofort den Liedanfang in die Runde. Der Rufer darf für seine Gruppe einen Strich auf ein Stück Papier zeichnen. Welche Gruppe hat zuerst zehn Striche?

Variante: Schulkinder können sich die Liederrätsel selber stellen.

Ong dong dreoka,
lemi lemi seoka,
seoka di tschiberi,
tschiberi di Kollibri,
ong dong dreoka,
lemi lemi seoka.

En den dina,
tscho rage china,
tscho rage dige dage,
Annebella puff!

Am dam dess,
disse male pless,
disse male pumpaness,
am dam dess.

Heißer Hut

Alle Spieler gehen oder tanzen zur Musik frei im Raum herum. Ein Filzhut wird von Kopf zu Kopf weitergegeben. Wer sich beim Anhalten der Musik mit dem Hut auf dem Kopf erwischen läßt, scheidet aus. Das Spiel gewinnt an Spannung, wenn die Musik manchmal ganz kurz und dann wieder längere Zeit zu hören ist.

Das Spiel kann auch mit einem Ball oder einem Besen gespielt werden. Der Ball wird nicht geworfen, sondern von Hand zu Hand weitergegeben. Der Besen wird am Stiel senkrecht gehalten, beim Weitergeben wird kurz auf den Boden geklopft. Das Spiel verwandelt sich dadurch in «Heißer Ball» oder in «Heißer Besen». Die Spielregeln bleiben dieselben wie beim «Heißen Hut».

Giftiges Kissen

Das giftige Kissen geht zur Musik im Kreise herum. Wer sich beim Anhalten der Musik mit dem Kissen erwischen läßt, scheidet aus. Wer am Schluß mit dem giftigen Kissen übrigbleibt, ist Sieger.

Musikdose suchen

Alle Kinder verlassen das Zimmer. Nur die Mutter oder der Spielleiter bleibt und versteckt eine spielende Musikdose.

Die Kinder müssen ganz leise sein, damit sie während des Suchens die Musik hören können. Wer die Musikdose findet, bekommt einen kleinen Preis.

Variante: Wer die Dose entdeckt hat, läßt sich nichts anmerken und geht still an seinen Platz. Wer sie zuerst gesehen hat, darf im nächsten Spiel beim Verstecken helfen.

An Stelle der Musikdose kann auch ein kleines Taschenradio verwendet werden.

Überraschungspaket

Wir packen in ein großes Paket so viele kleine Päckchen ein, wie Gäste anwesend sind. Die Überraschungspäckchen enthalten Radiergummis, Ballone, Bonbons, Anspitzer, Dörrobst, Kaugummis usw.

Dieses Spiel kann schon ab 3 Jahren gespielt werden. Die Kinder sitzen im Kreis. Das Paket wird von Hand zu Hand gereicht. Solange die Musik spielt, darf das Kind, bei dem das Paket gerade ist, Bänder aufknüpfen und Papierschichten lösen. Hört die Musik auf, muß es das Paket dem nächsten Spieler weiterreichen. Ist die erste Hülle gefallen, stoßen die Kinder zu den vielen, einzeln eingepackten Preisen vor. Gelingt es einem Spieler, einen Preis ganz auszupacken, darf er ihn behalten. Der Spielleiter steuert das Spiel mit der Musik so, daß am Schluß jedes Kind einen Preis hat.

Sing und spring

Die Kinder sitzen in einem Sesselkreis. Der «Sing und spring» geht mit einem Stock im Kreis herum und singt dabei ein Lied, das ihm gerade einfällt. Mittendrin hört er plötzlich auf zu singen, läßt den Stock fallen und ruft: «Sing und spring!» Dies ist das Zeichen zum allgemeinen Platzwechsel.

Da für das Kind mit dem Stock kein Stuhl im Sesselkreis steht, bleibt immer jemand übrig. Dieser muß nun als Sänger mit dem Stock in der Hand eine neue Runde singen und wandern ...

Lore, Lore

Lore, Lore,
zupft die Katz' am Ohre!
Packt die Katz' am Schwanze!
Geht mit ihr zum Tanze!
Miau!

Die Kinder knien im Kreis und fassen sich alle gegenseitig am Ohrläppchen. Auf: «Lore, Lore, zupft die Katz' am Ohre!» zupfen sie sich rhythmisch am Ohrläppchen. Auf: «Packt die Katz' am Schwanze, geht mit ihr zum Tanze!» klatschen alle rhythmisch in die Hände. Auf: «Miau!» – nicht früher und nicht später – legen sich alle Kinder mit ausgestreckten Armen flach auf den Boden.

Chinesisches Lied

Text und Melodie: Sylvia Buser

Sing song sung sang fing fong fung fang
ting tong tung tang ping pong pung pang. Tai - peh tai - fu
Fine
fu - tai peh - tai kai - peh kai - fu fu - kai peh - kai.
D. C. al Fine

Für dieses Chinesenlied basteln wir Hüte und malen uns schwarze Schlitzaugen. Das asiatische Lied begleiten wir mit selbstgebastelten Musikinstrumenten: mit «Gummiharfen» (aus kleinen Schachteln, die wir mit Gummibändern bespannt haben), mit Joghurtbechern, Schlaghölzern und Rasseln.

Wir verändern das Lied durch langsames und schnelles Singen.
Wir sprechen die Silben abgehackt oder gebunden. Wer kann das Lied mit einem Korken im Mund singen?
Wer singt allein vor, mit einem Stöckchen oder Bleistift zwischen den Zähnen?

Sprachspiele

Sprachspiele sind voller Humor und Komik. Sie fördern die Phantasie der Kinder. Rätselraten, Schnellsprecher, Witze erzählen, Geschichten erfinden, Sprichwort-Pantomimen und Scharaden sind beliebte Geburtstagsspiele bei Schulkindern. Mit dem Eintritt in die Schule werden die Kinder selbständiger. Ihr Spiel und ihre Sprache entwickeln sich vielfältiger und bewußter. Sie haben Freude, sich in der Gruppe zu betätigen. Sie denken sich Pläne aus und führen sie gemeinsam durch. All diese Eigenschaften können sie bei Sprachspielen einsetzen. Diese fordern vom Spieler schnelle Reaktionsfähigkeit, Kombinationsgabe, Vorstellungsvermögen und Sinn für Humor. Oft entstehen im spontanen Sprachspiel phantasievolle Wortneuschöpfungen, skurrile Geschichten und Handlungen mit viel Situationskomik. Sprachspiele lassen die Kinder schöpferisch werden.

Die jüngeren Kinder sollten von den Erwachsenen gestützt werden, dann können auch sie mitmachen oder sich beim Zusehen und Zuhören freuen. Kleine lachen gerne mit, auch wenn sie nicht alles ganz genau verstanden haben.

Sprichwort-Pantomime

Sechs und mehr Schüler spielen sich gegenseitig Sprichwörter pantomimisch vor. Zur Darstellung eignet sich etwa:

- Wer andern eine Grube gräbt, fällt selbst hinein.
- Morgenstund hat Gold im Mund.
- Alles hat ein Ende, nur die Wurst hat zwei.
- Viele Köche verderben den Brei.
- Kleider machen Leute.

Die erste Gruppe zieht sich zur Beratung zurück und bespricht den Ablauf ihres Sprichwortes. Dieser Teil der Sprichwort-Pantomime ist natürlich ebenso wichtig wie die anschließende Vorstellung. Sobald jemand im Publikum das Sprichwort errät, darf sich dieses Kind eine Gruppe zusammenstellen und sich mit ihr zur Beratung der nächsten Vorstellung zurückziehen. Wenn nötig, hilft der Spielleiter.

Teekessel

Zwei Kinder gehen aus dem Zimmer und besprechen draußen ihren «Teekessel». Es muß ein Wort mit mehreren Bedeutungen sein, z.B.: Birne (Glühbirne–Obstbirne), Auflauf (Gericht–Menschenmenge), Kiefer (Baum–Knochen). Die zwei Spieler kommen ins Zimmer zurück und preisen nun den anwesenden Zuhörern ihre Teekessel auf die bunteste Weise an:
«Mein Teekessel hat ein Gewinde.»
«Mein Teekessel hat einen Stiel.»
«Mein Teekessel leuchtet.»
«Mein Teekessel ist grün.»
«Mein Teekessel ist zerbrechlich.»
«Mein Teekessel ist saftig.»
Das Gespräch der beiden Spieler wird solange fortgeführt, bis ein Zuhörer den «Teekessel» errät. In unserem Beispiel heißt der Teekessel: Birne! Wer das Rätsel gelöst hat, darf sich einen Partner wählen und mit diesem draußen den nächsten «Teekessel» ausdenken...

Die Tante aus Amerika

Wir knoten ein großes Baumwolltuch zu einem Ball zusammen. Vier bis acht Spieler sitzen in einer Reihe. Der Spielleiter wirft einem Kind nach dem anderen das Tuch zu und sagt dabei: «Die Tante aus Amerika kommt zu Besuch, was bringt sie mit?» Der Tuchfänger sagt nun zum Beispiel: «Die Tante aus Amerika bringt mir Rollschuhe.»

Das nächste Kind ergänzt: «Die Tante aus Amerika bringt mir Rollschuhe und Marzipan.» Die Geschenkreihe wird so lange fortgesetzt, bis ein Kind sich verspricht oder nicht mehr weiter weiß. Es muß ein Pfand geben. Auch wer das Tuch nicht fangen kann, gibt ein Pfand.
Sind genügend Pfänder da, wird Pfandauslösen mit «Was soll das Pfand in meiner Hand?» gespielt.

Scharaden

Zehn und mehr Spieler, ab Schulalter, tun sich zu kleinen Gruppen zusammen und spielen sich gegenseitig Scharaden vor. Jede Gruppe berät im «geheimen», welches Ratewort sie spielen möchte.

Es muß ein möglichst langes Wort sein, wie z. B. «Autobahnbrückenpfeiler». Dieses Wort wird ohne Rücksicht auf Orthographie und Schreibweise schamlos in einzelne Teile zerlegt. In unserem Fall zum Beispiel in: «Au» – «to» – «Bahn» – «Brücken» – «Pfeil» – «er». Aus diesem Wort werden nun mit den einzelnen Silben sechs kleine Szenen gespielt.

- Mit «Au» wird eine kurze Szene auf dem Spielplatz gespielt, auf dem sich ein Kind verletzt. Bei der Vorführung wird gesprochen. Die betreffende Silbe, «Au», muß mehrmals deutlich zu hören sein.
- Das «to» wird im Thema Musikstunde versteckt.
- Mit der «Bahn» fährt die Spielgruppe in die Ferien.
- Für die «Brücken» wird die Handlung auf einen Bauplatz verlegt.
- Den «Pfeil» setzen die Kinder in eine Indianerszene um.
- Und «er» wird sehr nobel gelöst: Der Kammerdiener bedient den König im Schlafgemach.

Wenn die Zuschauer das vollständige Wort bis jetzt noch nicht erraten haben, wird als Abschluß der Scharade das vollständige Ratewort in einer Schlußaufführung dargestellt. Wer das Wort errät, darf mit seiner Gruppe die nächste Scharade vorspielen.

Witze aufführen

Die Kinder spielen sich gegenseitig in kleinen Gruppen Witze vor. Nach der kurzen Aufführung bekommen die Schauspieler einen Preis.

Buchstaben stechen

Wir spielen in zwei Gruppen mit Kindern ab sieben Jahren. Der Spielleiter sticht mit einer dicken Stricknadel in eine aufgeschlagene Zeitung. Er ruft den getroffenen Buchstaben aus. Die zwei Gruppen wetteifern nun im Finden von Hauptwörtern mit diesem Anfangsbuchstaben. Das Spiel kann mit Rufen oder Aufschreiben gespielt werden. Sieger ist die Gruppe, die zuerst 20 Hauptwörter gesammelt hat.

Varianten: Es werden Flüsse, Berge, Blumen, Möbel, Städte, Tiere oder berühmte Menschen gesucht.

Alles Käse

In diesem Spiel dichten wir Geschichten. Es können vier bis sechs Schüler mitspielen. Die Kinder sitzen um einen Tisch, auf dem ein Körbchen mit bunten Stoffbändern steht. Es ist immer ein Band weniger vorhanden, als Spieler anwesend sind. Ein Kind beginnt, eine Geschichte zu erzählen. Es dichtet frei drauflos und flicht geschickt die Worte «Alles Käse» ein. Sobald diese Worte gefallen sind, müssen alle Kinder einen Stoffstreifen anfassen. Wer keinen erwischt, muß die Geschichte weiterspinnen. Wenn der neue Dichter zu sprechen beginnt, legen die Mitspieler ihr Band in den Korb zurück. Oft entstehen so die seltsamsten Geschichten zum großen Spaß und Gaudi der Kinder!

Beruferaten

Ein Kind oder eine Gruppe stellt mit typischen Bewegungen einen bestimmten Beruf dar. Das kann mit oder ohne Worte geschehen. Die andern müssen erraten, ob es ein Gärtner, ein Bauer, ein Koch, ein Politiker, ein Fernsehsprecher, eine Köchin, eine Kindergärtnerin, eine Verkäuferin oder ein Mannequin ist. Das Kind, das als erstes richtig geraten hat, kommt als nächstes dran.

Ich weiß ein Tier

«Ich weiß ein Tier!» sagt der Spielleiter. Die anderen Mitspieler versuchen durch geschicktes Fragen zu erraten, um welches Tier es sich handelt. Es darf immer nur eine Frage gestellt werden, dann kommt der nächste Spieler dran: «Hat es vier Beine?» «Hat es Federn oder ein Fell?» «Frißt es Fleisch?» «Hat es große Zähne?» Wer das Tier errät, darf sich als nächster ein Tier ausdenken und die Runde eröffnen mit dem Ruf: «Ich weiß ein Tier!» Dasselbe Ratespiel kann auch mit Berufen, Blumen, Früchten und Fahrzeugen gespielt werden.

Verkleiden

Kinder sind begeistert, wenn sie sich verkleiden dürfen. «Tun als ob» macht ihnen großen Spaß: «Ich wäre die Großmutter und du der Teufel!» – «Ich wäre der König und du der Schweinehirt!» Verkleidungsspiele haben den Vorteil, daß Kinder aller Altersstufen mitmachen können. Es braucht nur einfache Requisiten, um Kinder in ihrer Phantasie zu beflügeln.

Einen Schnabel aus Pappe, ein schwarzes Tuch als Flügel, eine weiße Windel um den Bauch, Gummihandschuhe an die Füße – schon ist unser Pinguin fertig!
Kleine Kinder sind selig mit einem Hut auf dem Kopf, größere verwandeln sich mit ihrer Verkleidung in die angenommene Rolle. Sie verstellen ihre Stimme und ändern ihre Gangart oder Bewegungen.

Seh'n sie nicht hübsch aus, unsere Mädchen mit den Hüten?

Geschichten darstellen

Wir erzählen den Kindern eine Kurzgeschichte und lassen sie den Schluß selber erfinden oder die kurze Szene spontan nachspielen. Kinder ab fünf Jahren können mitmachen. Eine Verkleidungskiste mit alten Hüten, Halstüchern, Handtaschen, Handschuhen, Halsketten, Ohrclips, Röcken und Kitteln wirkt sehr anregend und belebend auf das Theaterspiel.

Zeitungskostüme

Aus Zeitungs- und Packpapier basteln wir mit Schere, Klebstreifen, Heftklammern und Farbe Papierkostüme und Hüte. Zwei und zwei Kinder helfen sich gegenseitig beim Einkleiden und Bemalen. Nach einer bestimmten Zeit treffen sich alle zur Modeschau. Die Kleider werden einzeln vorgeführt. Die Kinder präsentieren sich in besonders hübschen Stellungen. Gefallen das vorgeführte Kleid und der Kopfschmuck den Zuschauern, klatschen sie tüchtig! Das Mannequin verbeugt sich und überläßt den «Laufsteg» dem nächsten Papierkostümträger ...

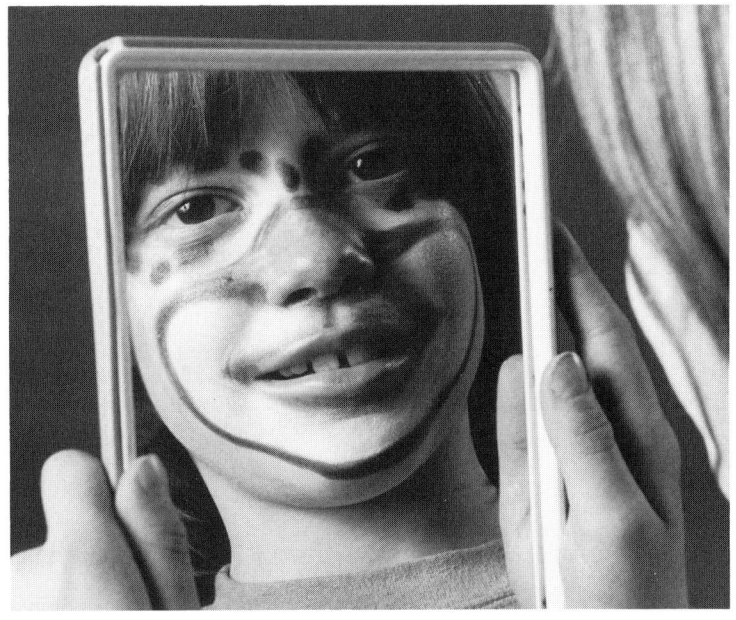

Schminken

Mit Schminke lassen sich die Gesichter der Kinder auf überraschende Weise verändern. Die Farben Weiß, Schwarz und Rot sind die wichtigsten. Beim Schminken sollte man möglichst klare und deutliche Formen malen. Mit Schwarz verstärken wir die Konturen und die Augenbrauen. Weiß dient eher zum Grundieren und Füllen der Flächen. Mit Rot ziehen wir die Lippen nach oder bemalen die Wangen.

Bevor die Kinder eintreffen, stellen wir alles auf einem Schminktisch zurecht. Außer den Schminkfarben brauchen wir einen Topf Vaseline zum Abschminken und genügend Papiertüchlein. Für die Kinder ist beim Schminkspiel ein Handspiegel das Wichtigste. Die Kinder können sich selber oder gegenseitig schminken.

Hüte machen Leute

Hüte jeder Art geben einem Kinderfest eine fröhliche Note. Mit Hilfe der Kopfbedekkung verwandeln sich die Kinder in noble Damen, Großmütter, Zwerge, Bischöfe, Indianer, Krankenschwestern, Polizisten, Cowboys oder Könige. Kleine und große Kinder lieben Verkleidungsspiele.

Wenn wir alles gut vorbereiten, können wir am Fest selber mit den Kindern Papierhüte falten. Die Kinder bemalen sie mit phantasievollen Farbmustern. Bunte Kreppapierbänder zum Dekorieren nicht vergessen! Gummibänder an den Hüten befestigen, damit die schönen Gebilde den Kindern beim Tanzen und fröhlichen Beisammensein nicht vom Kopf rutschen. Falls Puppen und Bären auch zum Fest eingeladen sind, falten wir ihnen natürlich auch einen Hut! (Anregungen für verschiedene Papierhutmodelle finden Sie in dem Buch «Falten und Spielen» von Susanne Stöcklin-Meier.)

Wir stellen einen Karton mit alten Filz- und Stoffhüten bereit. Zur Dekoration legen wir farbige Bänder, Papierblumen, Federn, Pelzreste und Tüllschleier hin. Die größeren Kinder schmücken ihre Hüte selber, den kleineren helfen wir dabei. Am Schluß des Festes werden die Hüte eingesammelt, damit wir sie nächstes Jahr wieder verwenden können.

Spielidee:
- Nach dem Schmücken veranstalten wir eine Hutmodeschau.
- Wir schneiden in eine große Schachtel eine «Fernsehöffnung». Die Kinder spielen TV-Ansage.

Ratespiele

Kinder sind von Natur aus neugierig und erfinderisch. Ratespiele befriedigen diese Neigungen. Besonders lustig sind Ratespiele, die in der Gruppe durchgeführt werden. Entscheidend für die richtige Lösung sind schnelle Auffassungsgabe, Kombinationsfähigkeit, Phantasie, Mut und Intelligenz.

Warm – kalt

Ein Spieler wird aus dem Zimmer geschickt. Unterdessen einigen sich die anderen Kinder auf einen bestimmten Gegenstand im Raum. Auf: «Eins, zwei, drei, herein!» betritt der Ratende das Zimmer und muß mit Hilfe seiner Kameraden den Gegenstand finden. Er geht im Zimmer herum, die anderen rufen «warm», wenn er sich dem Gegenstand nähert, und «kalt», wenn er sich davon entfernt. Berührt er den Gegenstand, rufen alle: «Heiß!»
Nun wird ein anderer Teilnehmer aus dem Zimmer geschickt, und das Spiel beginnt von vorn.

Geräuscheraten

In einer Ecke des Zimmers werden verschiedene Gegenstände aus Holz, Glas, Metall und Kunststoff aufgestellt (Besteck, Kochkellen, Plastikbecken, Eierschneider, Knopfschachtel, Tasse, Trinkglas, Zeitung, Wellpappe, Seidenpapier usw). Die Kinder setzen sich mit dem Rücken zu den Gegenständen auf den Boden. Der Spielleiter macht nun einzelne Geräusche. Kindergartenkinder rufen die Lösung in die Runde. Wer richtig rät, darf sich sich umdrehen. Schüler schreiben die Geräusche der Reihe nach auf einen Zettel. Nach fünf bis zehn Geräuschen werden die Zettel verglichen. Wer die richtige Reihenfolge aufgeschrieben und alle Geräusche erraten hat, darf in der nächsten Spielrunde die Geräusche machen.

Fingerhut verstecken

Alle Kinder müssen das Zimmer verlassen. Der Spielleiter versteckt einen Fingerhut so, daß er gerade noch zu sehen ist, auf dem Fensterbrett, unter dem Tisch, auf einem Bücherbord usw. Die Kinder werden hereingerufen und suchen den versteckten Fingerhut.
Wer ihn zuerst entdeckt, hat gewonnen.

Schatzsuche

Dieses Spiel eignet sich für sieben- bis neunjährige Kinder. Je nach Wetter wird die Schatzsuche im Haus oder im Garten veranstaltet; eventuell auch im Wald. Eine Art Postenlauf im kleinen führt die Schatzsucher zum Versteck. Bei jedem Posten ist eine Aufgabe zu erfüllen:
– Einen Schnellsprechvers aufsagen.
– Ein Lied singen oder pfeifen.
– Einen Witz erzählen.
– Rückwärts zum nächsten Posten gehen.
– Einen Purzelbaum schlagen.
– Ein bestimmtes Tier nachahmen usw.
Bei jedem Posten ist der Weg zum nächsten beschrieben. Im halbdunklen Keller, in einem Baumstrunk oder unter einem großen Stein muß der Schatz gesucht werden. Die Schatztruhe ist mit Silber- oder Goldpapier überzogen. Sie enthält einen Brief mit Gutscheinen für kleine Preise: Eßwaren, einen Zoobesuch oder Material und Anregungen für die nächsten Spiele.

Radio

Ein Kind geht vor die Tür. Die anderen sitzen im Kreis. In der Mitte wird ein Mitspieler unter einer Decke versteckt. Das Kind wird hereingerufen. Der Spielleiter führt mit ihm folgendes Gespräch: «Guten Tag! Wollen Sie dieses schöne Radio kaufen?» – «Ja», antwortet der Käufer, «aber ich möchte zuerst hören, wie es sich anhört!» Das Radio wird «angedreht». Das Kind unter der Decke beginnt zu singen. Der Käufer darf drei «Programme» einstellen. Kann er erraten, wer unter der Decke steckt, wird das nächste Kind vor die Tür geschickt und ein neues Radio «installiert».

Kim-Spiel

Der Spielleiter legt 15 bis 20 Gegenstände auf ein Tablett. Die anderen dürfen sich die Gegenstände ruhig ansehen. Dann bedeckt der Spielleiter das Tablett mit einem Tuch und nimmt einige Gegenstände weg. Wer erraten kann, was fehlt, darf in der nächsten Runde Spielleiter sein.

Zeichensprache

Ein Kind versucht, mit der Zeichensprache den anderen etwas zu erzählen. Es zeigt zum Beispiel Bauchweh, Einkaufen, Autofahren, Klavierspielen, Traurigsein, Lustigsein usw. Wer es errät, darf selber etwas in Zeichensprache vorführen.

Zeichenspiele

Zeichenspiele machen größeren Kindern Spaß. Ältere Kindergartenkinder können bereits mitspielen. «Blindes Zeichnen» sorgt für spannende Momente und lustige Überraschungen. Der Reiz des «Männchen-Zeichnens» liegt im Gemeinschaftserlebnis, bei dem jeder seinen persönlichen Zeichenstil einbringt. In der Kombination liegt die Würze ...

Ringelschwanz zeichnen

Mit einem dicken Filzstift zeichnen wir die Umrisse eines Schweinchens auf Packpapier. Den Schwanz lassen wir weg. Das Gemälde wird in Augenhöhe aufgehängt oder kann auch auf einen Tisch gelegt werden. Die Mitspieler versuchen mit verbundenen Augen, mit bunten Wachskreiden oder Filzstiften, den Schwanz schwungvoll geringelt aufzuzeichnen. Das Spiel wird erschwert, indem der Spielleiter den «Blinden» vor dem Zeichnen mehrere Male um die eigene Achse dreht. Wer die Schwanzgegend mit seinem gezeichneten Ringelschwänzchen am besten trifft, hat gewonnen.

Esel ohne Schwanz

Wir zeichnen die Umrisse eines Esels mit einem dicken Filzstift auf ein großes Packpapier, wieder ohne Schwanz. Wir zeichnen diesen auf ein anderes Blatt und schneiden ihn aus. Den Esel befestigen wir an einer Wand. Abwechselnd werden jedem Spieler die Augen verbunden. Der «Blinde» muß versuchen, dem Esel den Schwanz anzustecken. (Auf weicher Unterlage mit einem Reißbrettstift oder mit einer Stecknadel, auf hartem Grund am besten mit einem Klebband.) Jeder «Schwanz-Ansteck-Versuch» wird angezeichnet. Wer dem Schwanzansatz am nächsten kommt, hat gewonnen.

Männchen zeichnen

Die Kinder sitzen um einen Tisch. Jedes hat Papier und einen Filzstift. Der Spielleiter lenkt den Zeichenablauf. Als erstes zeichnet jedes einen Kopf mit Halsansatz. Der Kopf darf witzig aussehen: Mit Knollennase, behaarten Warzen, Brillen, Bärten, Hüten, Nasentropfen, geschwollener Wange usw. Die Zeichner dürfen sich nicht gegenseitig aufs Blatt schauen! Dann fordert der Spielleiter die Runde auf, ihr Papier nach hinten umzuknicken. Nur die zwei Striche des Halsansatzes bleiben sichtbar. Jeder Mitspieler schiebt sein Papier zum Nachbarn. In der zweiten Runde wird der Hals gezeichnet, mit Fliege verziert, mit Ketten geschmückt oder mit einem Kropf versehen. Auf ein Zeichen des Spielleiters wird das Papier wieder nach rückwärts gebogen und weitergereicht. Im dritten Bilderteil wird der Oberkörper bis zur Gürtellinie festgehalten. Achtung: Arme nicht vergessen! Das Blatt nach hinten umknicken und weitergeben. Im vierten Abschnitt zeichnen wir den Körper von der Gürtellinie bis zum Knie. Wieder umknicken und weitergeben. Nun fehlen unserem Monster noch die Unterschenkel, die zeichnen wir in der fünften Runde. Im sechsten Abschnitt entstehen die Füße. Zuletzt öffnet jeder Spieler seinen Zettel und betrachtet das fertige Männchen. Oft ergeben sich die wundersamsten Kombinationen: dicke Hüften zu Ballettschuhen, Bergsteigerfüße zum Hexengesicht, Seeräuberkopf zu Bäckerhose und Stöckelschuhen usw.

Irina   Zusi   Diana

Geburtstagspicknick

Wenn ein Kind im Sommer oder Frühherbst Geburtstag hat, können wir bei schönem Wetter sein Fest als Picknick im Wald feiern.

Es sollten dabei auf jeden Fall zwei oder mehr Erwachsene anwesend sein. Für einen reibungslosen Ablauf des Geburtstagspicknicks ist es wichtig, daß sich die Veranstalter vorher das ausgewählte Gelände genau ansehen.

Glück haben Kinder, deren Geburtstag auf ein Wochenende fällt. Es ist besonders günstig, da zu diesem Zeitpunkt die ganze Familie mitmachen kann und sich die Organisation, der Transport, der Bau der Feuerstelle, das Schnitzen der Spieße zum Braten usw. auf mehrere Personen verteilen. Zum Bau einer fachgerechten Feuerstelle ist Vaters Hilfe von großem Nutzen.

Ein Geburtstagspicknick steht und fällt mit der guten Vorbereitung. Wir notieren uns auf einer Liste alle Zutaten für das Essen und Trinken, die Feuerstelle und die Spiele. Anhand dieser Liste stellen wir das Gepäck zusammen. Die Hausapotheke sollte auf alle Fälle mit dabei sein. Es ist ärgerlich, wenn man erst im Wald entdeckt, daß die Zeitungen oder die Streichhölzer fehlen, keine Papierservietten dabei sind oder die Farbstifte noch zu Hause liegen ...

Würste braten

Würstchen auf beiden Seiten einschneiden, auf einen Stock spießen und über der Glut braten.

Picknick-Vorschläge

Wenn wir kein Feuer machen wollen, nehmen wir das Picknick fixfertig von zu Hause mit. Kalter Tee, gefüllte Partybrötchen oder belegte Brote (einzeln verpackt) schmecken herrlich im Freien.
Als Zigeuner, Höhlenbewohner, Römer oder Ritter brauchen wir eine Feuerstelle, eine selbstgebaute oder mindestens ein Grillgerät.

Astgabel-Toast

Ein Brotstück mit einer Scheibe Schmelzkäse belegen, auf einer Astgabel, mit genügend Abstand, über dem Feuer backen, bis der Käse fließt.

Silberkartoffeln

Nicht zu große, gewaschene Kartoffeln mit einer Prise Salz bestreuen, eventuell etwas Kümmel beifügen. Kartoffeln in Alufolie einwickeln, in die Glut legen und ca. 40 Minuten backen.

Schwarze Bananen

Bananen mit der Schale in die heiße Asche legen und backen, bis sie außen schwarz sind. Die schwarzen Bananen auf Teller legen, Schalen oben aufreißen, Bananenfleisch mit Zucker und Zimt bestreuen und aus der Schale löffeln.

Zigeuner-Tomaten

Tomaten oben kreuzweise einschneiden, würzen, in Alufolie einrollen und kurz in der heißen Asche backen.

Brotteig-Schlange

Wir nehmen 500 Gramm bis 1 Kilo fertigen Brotteig mit in den Wald. Die große Brotteig-Schlange läßt sich nur machen, wenn genügend Erwachsene anwesend sind. Beidseitig der Feuerstelle eine Astgabel in den Boden einlassen. Einen passenden Stock zuschneiden, der in die Astgabeln über das Feuer gelegt wird. Mit vereinten Kräften ziehen und rollen wir den Teig zu einer etwa einem Meter langen Schlange aus. Diese wickeln wir spiralförmig um den Stock. Backzeit ein bis zwei Stunden, je nach Dicke und Größe der «Schlange» und Wärme der Glut. Die Teigschlange muß immer wieder gedreht werden, damit sie gleichmäßig durchgebacken wird.

Napfkuchen im Blumentopf

In ein Kilo Hefeteig kneten wir eine Handvoll Rosinen. (Hefeteig siehe Rezept.)
Kleine Ton-Blumentöpfe wässern und innen mit genügend Öl einreiben. Töpfe mit Teig füllen und in der Glut backen. Backzeit ca. 30 Min.

Blätterteig-Schlangenbrot

Gekauften Blätterteig in Streifen schneiden und zwischen den Händen zu Schlangen rollen, etwa 40 cm lang. Schlangen je nach Wunsch in geriebenem Käse, Kümmel oder Sesam drehen. Einen Holzspieß spitzen, das eine Ende der Teigschlange anspießen, bis zum anderen Ende spiralförmig um den Holzspieß wickeln. Über der Glut so lange drehen, bis das Schlangenbrot durchgebakken ist.

Spiele im Wald

Spiele am Bach

Liegt die Feuerstelle in der Nähe eines Baches, lassen Sie die Kinder ausgiebig spielen. Sie können Stauungen bauen, den Bach «umleiten», Papier- oder Rindenschiffchen schwimmen lassen und mit Hilfe des Vaters ein Wasserrad bauen.

Postenlauf

Wir organisieren für Sieben- bis Neunjährige einen Postenlauf im Wald. Das Gelände sollte vor dem Fest bestimmt werden. Für jede Anlaufstelle denken wir uns eine Aufgabe aus. Die Fragen müssen dem Alter der Kinder entsprechen.
Hier ein paar Beispiele:
- Wie viele Jahreszeiten gibt es?
- Welche Blumen blühen in dieser Zeit?
- Was für Wintersportarten kennst du?
- In welchen Ländern spricht man Deutsch?
- Welche Zutaten benötigt man zum Brotbacken?

Wir lassen die Kinder in Zweier- bis Vierergruppen starten. Für Kinder, die noch nicht gut schreiben können, muß an jedem Posten eine Person stehen, damit sie die Fragen mündlich beantworten können. Schüler schreiben die Antworten auf.
Beim anschließenden «Kaffeetrinken» besprechen wir die Lösungen der einzelnen Posten. Die Gruppe, die alles richtig hat, ist Sieger. Wir verteilen kleine Preise und achten darauf, daß alle Teilnehmer etwas bekommen – auch die, die nicht alle Fragen lösen konnten!

Wald-Krone

Die Kinder bemalen Wellkartonstreifen mit bunten Mustern und binden die Enden mit einem Gummifaden zusammen. Danach suchen sie schöne Blätter und Zweiglein als Schmuck für ihre Wald-Krone.

Mooshäuschen im Zwergenreich

Gemeinsam bauen wir mit den Kindern Stübchen, Häuschen und Schlösser für unsere kleinen Tannzapfenmännchen und Zapfenkühe. Sie werden staunen, wieviel Phantasie die Kinder beim Spiel in dieser «Kleinen Welt» entwickeln! Wir nannten als Kinder das Mooshäuschenbauen «Stübele». Wir spielten stundenlang mit Moos, Steinen, Tannzapfen, Schneckenhäusern, Wurzeln und Blättern. Führen auch Sie Ihre Kinder ins Zwergenreich.

Quellenverzeichnis

Aramsamsam. Aus «I-bi-n-e glaine Zottelbär». Schul- und Büromaterialverwaltung, Lehrmittelverlag Basel-Stadt, 1979.

Backe, backe Kuchen. Aus «Der Liederbaum» von Paula Walendy. Sigbert Mohn Verlag, Gütersloh, 1960.

Chinesisches Lied. Text und Melodie: Silvia Buser. Aus «I-bi-n-e glaine Zottelbär». Schul- und Büromaterialverwaltung, Lehrmittelverlag Basel-Stadt, 1979.

Froh zu sein bedarf es wenig. Text und Melodie: August Mühling. Aus «Alles singt und springt». Schul- und Büromaterialverwaltung, Lehrmittelverlag Basel-Stadt, 1958.

Geburtstagsmusik (Wenn ein Kind Geburtstag hat). Text: Liselotte Rockel, Lieselotte Holzmeister. Musik: Liselotte Rockel. Aus «Das zweite Liedernest», Fidula Verlag, Boppard, 1979.

Geschenkideen, Tabelle. Aus «Das Spielzeugbuch» von Th. Gantner/W. Hartmann. Pinguin Verlag, Innsbruck, 1973.

Glückwunsch. Aus «Alles singt und springt». Lehrmittelverlag des Kantons Basel-Stadt, 1958.

Reichet euch die Hände. Aus «Feste mit Kindern» von Emma Carp. Otto Maier Verlag Ravensburg, 1953.

Rumpumpels Geburtstag. Aus «Ravensburger Liederspielbuch für Kinder» von Dorothée Kreusch-Jacob. Otto Maier Verlag Ravensburg, 1978.

Sag mal, ist es wirklich wahr. Text: Lisa Kirner. Musik: Liselotte Rockel. Aus «Das zweite Liedernest». Fidula Verlag, Boppard, 1979.

Und wer im Januar geboren ist. Aus «Lebendiges Kreisspiel» von Susanne Stöcklin-Meier. Orell Füssli Verlag, Zürich, 1982.

Unser Peter ist glücklich. Text und Melodie: N. Moor-Hofer. Aus «Spiele und Lieder für den Kindergarten». Verlag Schul- und Büromaterialverwaltung Zürich, 1958.

Viel Glück und viel Segen. Kanon von Werner Gneist. Aus «Jungbrunnen», BA 441, Bärenreiter Verlag, Kassel und Basel, 1958.

Wenn ein Kind Geburtstag hat. Text: James Krüss. Melodie: Karl Heinz Taubert. Aus «Das Liederkarussell» von Juliane Metzger. Annette Betz Verlag im Verlag Carl Ueberreuther, Wien–München, 1967.

Wir wünschen dir. Text: Sina Werling. Aus «Spiele und Lieder für den Kindergarten». Verlag Schul- und Büromaterialverwaltung Zürich, 1958.

Wir danken den Verlagen für die Abdruckgenehmigung. Die im Verzeichnis nicht aufgeführten Lieder gehören zum Volksgut.

Wir Eltern-Buchreihe

Wir Eltern-Buchreihe
Die «Wir Eltern-Buchreihe» behandelt
Themen, die Eltern und Erziehern in ihrem Bemühen um
das Wohl der Kinder unterstützen.

Susanne Stöcklin-Meier

Krauksein und Spielen

Verse, Geschichten, Bastel- und Spielideen für Familie, Kindergarten, Wartezimmer und Krankenhaus. 144 Seiten mit 250 s/w Abbildungen von Andreas Wolfensberger, laminierter Pappband.
Ein überaus wichtiges Buch – empfohlen vom «Verein Kind und Krankenhaus» –, das unseren Kindern die Angst vor Krankheit, Arzt und Krankenhaus überwinden hilft.

Susanne Stöcklin-Meier

Lebendiges Kreisspiel

«Der Schneider hat ne Maus erwischt» und viele andere altbekannte Tanzspiele für Kinder. 120 Seiten mit vielen Fotos, laminierter Pappband.

Rosmarie Metzenthin/Ursula Markus

Schöpferisch Spielen und Bewegen

Mit Kindern darstellen, Geschichten erfinden, verwandeln, Märchen spielen und gestalten, Zirkus mimen, Theater erleben. 156 Seiten mit 159 s/w Abbildungen, laminierter Pappband.

Hanspeter und Ursula Bleisch

Puppentheater-Theaterpuppen

So werden Puppen gebaut / So werden Puppen gespielt / Das können Puppen spielen. 132 Seiten mit 160 s/w Abbildungen, broschiert.

Silvia Hüsler

Das Bärenhaus unter den Kastanien

Geschichten, Lieder und Bilder über das Zusammenleben mit Gastarbeiterkindern. 80 Seiten, 39 Linolschnitte, laminierter Pappband.

Rita Peter

Die Amseln und die Wolken

Gedichte begleiten dich durch das Jahr. 104 Seiten mit 12 farbigen Abbildungen, laminierter Pappband. Rund 100 Gedichte: heitere, ernste, lustige, besinnliche, kleine Geschichten.